VÍCIO E VIRTUDE

VÍCIO E VIRTUDE

A adicção sob uma perspectiva teológica

KENT DUNNINGTON

Publicado originalmente em inglês por InterVarsity Press como *Addiction and virtue: beyond the models of disease and choice*, por Kent Dunnington.

Copyright © Kent Dunnington, 2011. Traduzido e publicado com permissão da InterVarsity Press, o departamento editorial da InterVarsity Christian Fellowship/USA, com sede em 1400, Downers Grove, IL, 60515-1426.

Copyright da tradução © Pilgrim Serviços e Aplicações LTDA., 2022. Este livro foi publicado com apoio de TheoPsych, um projeto financiado pela John Templeton Foundation, e trazido para o Brasil graças aos esforços do dr. Rafael Bello.

Todas as citações bíblicas foram extraídas da Almeida Século 21, salvo indicação em contrário.

Os pontos de vista desta obra são de responsabilidade dos autores e colaboradores diretos, não refletindo necessariamente a posição da Pilgrim Serviços e Aplicações, da Thomas Nelson Brasil ou de suas equipes editoriais.

TRADUÇÃO: *Breno Seabra*
REVISÃO: *Gabriel Lago, Jean Xavier e Paulo Nishihara*
EDIÇÃO: *Guilherme Cordeiro Pires* e *Guilherme H. Lorenzetti*
CAPA ORIGINAL: *Cindy Kiple*
ADAPTAÇÃO DE CAPA: *Rafael Brum*
DIAGRAMAÇÃO: *Tiago Elias*

Dados Internacionais de Catalogação na Publicação (CIP)

D939v DUNNINGTON, Kent
1.ed.   Vício e Virtude : a adicção sob uma perspectiva teológica / Kent Dunnington ; tradução Breno Seabra – 1.ed. – Rio de Janeiro : Thomas Nelson Brasil ; São Paulo : Pilgrim, 2022.
     272 p.; 13,5 x 20,8 cm.

     Título original : Addiction and virtue : beyond the models of disease and choice.
     ISBN : 978-65-56893-26-6

     1. Comportamento compulsivo - Aspectos religiosos - Cristianismo. 2. Quebra de hábitos - Aspectos religiosos - Cristianismo. 3. Trabalho da igreja com adictos em recuperação. I. Seabra, Breno. II. Título.
05-2022/118   CDD 259.42

Índice para catálogo sistemático:
1. Trabalho da igreja com adictos em recuperação   259.42
Aline Graziele Benitez - Bibliotecária - CRB-1/3129

Todos os direitos reservados a Pilgrim Serviços e Aplicações LTDA.
Alameda Santos, 1000, Andar 10, Sala 102-A
São Paulo — SP — CEP: 01418-100
www.thepilgrim.com.br

A
John J. McDermott,
amigo e professor

Prefácio | 9

1
ADICÇÃO E DOENÇA
Ciência, filosofia e teologia
17

Definindo adicção neurologicamente | 21
Avaliando o risco geneticamente | 25
Tratando medicamente a adicção | 30
Ciência, filosofia e teologia | 34

2
ADICÇÃO E INCONTINÊNCIA
Recursos em Aristóteles
39

O paradoxo da adicção | 40
Adicção e incontinência | 47
Fontes de incontinência | 53

3
ADICÇÃO E HÁBITO
Recursos em Tomás de Aquino
75

Tomás de Aquino sobre o hábito | 77
Hábito como categoria mediadora | 83
Tipos e causas do hábito | 97
A adicção como hábito | 107

4
ADICÇÃO E INTEMPERANÇA
Prazeres sensoriais e bens morais
111

Hábitos complexos | 112
Adicção e intemperança | 119

SUMÁRIO

5
ADICÇÃO E MODERNIDADE
O adicto como profeta involuntário
131

Aristóteles sobre hábito e felicidade | 135
Arbitrariedade moderna | 141
O tédio moderno | 150
A solidão moderna | 158

6
ADICÇÃO E PECADO
Testando uma doutrina antiga
167

Pecados, pecado e pecado original | 169
Pecado, adicção e voluntarismo | 176
O pecado como categoria religiosa | 184

7
ADICÇÃO E ADORAÇÃO
Caritas e suas falsificações
189

Imanência e transcendência | 191
Tomás de Aquino sobre caridade | 194
Adicção e caridade | 199
Adicção como estilo de vida | 216

8
ADICÇÃO E IGREJA
O evangelho e a esperança de recuperação
227

Adicção e adoração | 228
A igreja e a esperança de recuperação | 239
Recuperação e amizade | 247
Adicção como desafio profético | 257

Índice remissivo | 263

PREFÁCIO

Os últimos anos testemunharam um aumento maciço de pesquisas sobre adicção.[1] Em 1962, quando se mudou para a Rutgers University, o Yale Center of Alcohol Studies era a única instituição de pesquisa desse tipo. Hoje, existem aproximadamente cem centros de pesquisa sobre o assunto alojados nas principais universidades do Estados Unidos. A maior parte do trabalho está sendo feita por cientistas da natureza e sociais. Os teólogos têm escrito comparativamente pouco sobre adicção; filósofos, ainda menos.

Este livro insere a filosofia e a teologia nas investigações que ocorrem no campo dos "estudos sobre adicção". Argumento que os esforços para compreender e mitigar o comportamento adicto têm sido desnecessariamente limitados por abordagens científicas sobre a adicção. Tendo em vista que boa parte do discurso público sobre o tema é conduzida em termos cientificamente reducionistas, muitos cristãos que percebem corretamente o

---

[1] Nota do editor: ao longo da obra optamos por traduzir o substantivo *addiction*, o adjetivo *addictive* e seus correlatos por "adicção" (para se referir ao vício/dependência) e "adicto" (para tratar de um comportamento vicioso ou de um indivíduo envolvido em tal comportamento). Dessa forma, reservamos a utilização do termo "vício" aos contextos em que o autor trata da filosofia da ação humana de Aristóteles, segundo a qual o vício é um contraponto da virtude. Quanto à grafia, optamos por "adicção" (em vez de "adição") por ser esta a forma adotada por entidades oficiais, como a Associação Brasileira de Psiquiatria, por exemplo.

significado espiritual da adicção são incapazes de articular esse significado de maneiras teologicamente substanciais. Este livro é uma tentativa de fornecer tal articulação.

O livro defende três teses gerais. Primeiro, demonstra que a análise filosófica da ação humana é necessária para esclarecer muitas das confusões conceituais que afligem o discurso dos estudos sobre adicção. Nesse discurso, a adicção é interpretada ou como uma doença ou como um tipo de escolha voluntária, porém nenhuma dessas categorias é adequada para descrever e fenômeno da adicção. Por exemplo, o conceito de doença obscurece a questão de em que medida se pode esperar que as pessoas assumam a responsabilidade por suas adicções, e o conceito de escolha obscurece o caráter distintivo da experiência adicta. Este livro argumenta que a categoria do "hábito" é indispensável para traçar um caminho inteligível entre as polaridades confusas de "doença" e "escolha", pois nos permite descrever a adicção de uma forma não contraditória e sem violentar os testemunhos de adictos.

Seres humanos desenvolvem hábitos a fim de facilitar a busca por bens humanos específicos. Assim, se a adicção for apropriadamente caracterizada como um tipo de hábito humano, podemos perguntar-nos sobre os tipos específicos de bens que atraem as pessoas a hábitos de adicção. Essa é uma maneira estranha de falar; os efeitos destrutivos da adicção são tão perturbadores que não estamos acostumados a considerar sua atração intrínseca. A segunda tese geral do livro é que a prevalência e o poder da adicção indicam até que ponto uma sociedade falha em fornecer maneiras não viciantes de adquirir certos tipos de bens necessários ao bem-estar humano. A adicção é, portanto, uma crítica corporificada da cultura que a sustenta. Proponho que a adicção como a entendemos é um hábito peculiarmente moderno e que pode ser visto como um espelho que reflete para nós aspectos da cultura moderna que tendemos a ignorar ou suprimir. Pessoas com adicções severas estão entre aqueles profetas contemporâneos que ignoramos para nosso próprio prejuízo, pois eles nos mostram quem realmente somos.

Os cristãos devem dar ouvidos aos profetas. Eles, portanto, são chamados a descrever a experiência adicta e a refletir sobre como a igreja pode ser cúmplice na produção de uma cultura da adicção. Para tanto, o livro se esforça para enquadrar a adicção dentro de uma estrutura teológica. A terceira tese geral que o livro defende é que a categoria teológica de pecado pode aprofundar e ampliar nossa compreensão acerca da adicção, a qual não é idêntica ao pecado, mas também não pode ser separada dele. O poder da adicção não pode ser avaliado adequadamente até que esta seja entendida como uma representação equivocada de nossa busca por um relacionamento correto com Deus. Argumento que a adicção é, na verdade, uma espécie de adoração falsificada. Assim, embora seja verdade que a igreja tem muito que aprender com programas de recuperação como o Alcoólicos Anônimos, também é verdade que a igreja tem muito a oferecer ao movimento de recuperação e, na verdade, a todos nós que lutamos contra a adicção.

Prevejo dois possíveis obstáculos para o leitor. Primeiro, o leitor que está esperando um livro de autoajuda sobre adicção pode ficar frustrado pela natureza teórica e abstrata do meu argumento.

Não fornecerei um perfil psicológico da pessoa toxicodependente ou uma lista de princípios de recuperação, tampouco tentarei fornecer um relato causal direto das razões pelas quais as pessoas se envolvem em comportamentos adictos. As pessoas se envolvem nesses comportamentos adictos por várias razões, incluindo rejeição, perda de um filho, negligência familiar, trauma sexual e opressão, divórcio, desemprego, depressão e crises de identidade relacionadas a raça, gênero ou sexualidade.[2] Em vez de oferecer uma explicação de por que as pessoas se *envolvem* em comportamento adicto, busco oferecer uma explicação de por que elas se *tornam adictas* nesses comportamentos. Estou tentando esclarecer por que a adicção adquire vida própria, com sua própria

---

[2] Gostaria de lidar aqui com a preocupação de que, sem um exame correspondente do trauma ou opressão, meu tratamento da adicção pode acabar levando alguns leitores a sentir que suas lutas mais urgentes com a adicção não estão sendo suficientemente tratadas. Outros talvez pensem que minha abordagem da adicção não se detém adequadamente em questões de gênero, raça e etnia. Cada uma dessas questões é de fato relevante para o tema da adicção. Muito do que tenho para dizer, particularmente nos capítulos posteriores, tratará de algumas dessas questões de maneira indireta. Entretanto, optei por não me concentrar diretamente nessas importantes intersecções, primeiro porque não sou qualificado para tal tarefa, e segundo porque lidar com esses assuntos levantaria um conjunto de questões diferentes daquelas que pretendo trazer aqui. Tratar desses temas com a atenção que eles merecem exigiria outro livro (ou vários). Para discussões úteis sobre o relacionamento entre trauma, opressão e adicção, ver BRINGLE, Mary Louise. *Despair: sickness or sin?* (Nashville: Abingdon, 1990); GUNDORF, Christine. *Victimization: examining Christian complicity* (Philadelphia: Trinity Press International, 1992). Sobre o relacionamento entre gênero e adicção, ver KASL, Charlotte Davis. *Women, sex, and addiction* (New York: Harper Paperbacks, 1990).

racionalidade e seu próprio ritmo, e persiste independentemente de mudanças em circunstâncias mais imediatas. Estou tentando articular não o poder do álcool, do *crack*, da heroína ou da pornografia, mas o poder da adicção. Trabalho com a hipótese de que há algo filosófica e teologicamente profundo acerca desse assunto, mas também que os paradigmas atuais padronizados e enraizados devem ser reformulados ou superados, a fim de que o que está de fato em jogo seja trazido à tona em total relevo e evidência.

Em segundo lugar, o leitor pode ficar desanimado pela extensão até a qual o argumento se apoia em Aristóteles e Tomás de Aquino. O livro se fundamenta em uma rigorosa análise filosófica da ação humana, que se baseia principalmente no pensamento desses dois pensadores clássicos. Isso não é para satisfazer uma curiosidade antiquária ou para oferecer uma apologética indireta a esses pensadores; não sou um "aristotélico" nem um "tomista" *per se*. À medida que comecei a refletir sobre a adicção, eu me vi recorrendo a esses autores repetidamente por uma simples razão: tanto Aristóteles quanto Tomás de Aquino assumem que a tarefa primária de qualquer filosofia da ação humana é explicar como é possível que seres humanos conheçam o bem e, ainda assim, falhem em praticá-lo. Isso, claro, é o que é absolutamente intrigante sobre a adicção — que façamos repetida e compulsoriamente o que sabemos estar nos prejudicando. É porque Aristóteles e Tomás de Aquino permanecem os estudantes mais sofisticados e meticulosos desse enigma até os dias de hoje que passei a considerar suas obras tão úteis na tentativa de compreender a adicção.

O argumento procede da seguinte maneira. O capítulo 1 prepara o terreno, respondendo à suspeita e ao preconceito que provavelmente confrontarão qualquer tentativa de falar sobre adicção "filosoficamente". A visão predominante do público em geral, a mídia e a maioria daqueles que trabalham em movimentos de recuperação de toxicodependentes é que a adicção é uma doença e, portanto, um tópico de investigação para cientistas e médicos, não para filósofos ou teólogos. Defendo que tentativas de descrever a adicção exclusivamente em linguagem científica — como "doença" — estão fadadas ao fracasso, uma vez que se baseiam em uma confusão conceitual básica sobre o que constitui a ação voluntária.

Os capítulos 2 e 3 desenvolvem a visão de que a adicção não é uma doença nem uma escolha, mas sim um hábito. Estou interessado em perguntar o que a experiência de ser adicto pode nos ensinar sobre a complexidade da ação humana e, inversamente, como uma análise cuidadosa de certos aspectos da agência humana pode iluminar alguns dos elementos mais desconcertantes da experiência adicta. O leitor deve estar avisado de que esses são os capítulos mais técnicos do livro.

O capítulo 4 argumenta que, ao contrário da crença popular, a adicção não diz respeito primariamente a bens sensíveis (prazeres hedonistas), mas sim a bens morais e intelectuais, e o capítulo 5 explora a ideia de que o hábito da adicção pode ser uma resposta a uma carência peculiarmente moderna de certos tipos de bens morais e intelectuais. Aqui, a estratégia muda de um desdobramento sistemático de uma filosofia da ação humana, nos capítulos 2 e 3, para um exercício abrangente e (inevitavelmente) especulativo de filosofia da cultura.

O capítulo 6 avança para o território teológico e trata da seguinte questão: podemos aprender algo de importância normativa ou descritiva ao pensarmos sobre adicção em termos da categoria de pecado? Inversamente, o capítulo considera como nossa compreensão do pecado, incluindo a doutrina do pecado original, é enriquecida por nossa compreensão da adicção. O capítulo 7 trata da relação entre comportamento adicto e adoração. Argumento que a adicção oferece uma poderosa resposta à perda moderna de transcendência. Por fim, no capítulo 8, exploro a relação entre a igreja e a adicção, propondo que tipo de igreja é necessário para oferecer um modo de vida alternativo mais atraente do que a vida adicta.

Este livro esteve em produção por bastante tempo. A análise da adicção do ponto de vista da filosofia da ação surgiu de minha dissertação, escrita sob a orientação de John J. McDermott. Embora ele vá discordar da dimensão teológica de meu tratamento, espero que John veja no livro algo da seriedade e da simpatia com as quais ele me ensinou a considerar a adicção e as pessoas adictas. O livro é dedicado a John como um símbolo de minha gratidão.

O restante da minha banca foi formado por Scott Austin, David Erlandson, Reinhard Hütter e Stanley Hauerwas, cada um dos quais demonstrou profunda generosidade com seu tempo e atenção. Sou especialmente grato a David por orar por mim durante todo o processo, bem como nos anos seguintes, e a Stanley por me encorajar a escrever este livro.

Além disso, várias pessoas leram todo o manuscrito ou parte dele ao longo de sua produção. Meus agradecimentos a John Kiess, Sheila McCarthy, Caleb McDaniel, Clifton Stringer, Johannah Swank, Michael Trapp e Ben Wayman. Agradecimentos especiais a minha mãe, Paula Church, a editora mais leal e atenciosa que um filho poderia desejar. Cada um desses amigos ofereceu sugestões valiosas sobre o manuscrito, tornando o processo de escrita menos solitário. Agradeço também a um leitor anônimo da InterVarsity Press e ao editor Gary Deddo por sua ajuda em conduzir este projeto até a conclusão.

ADICÇÃO E DOENÇA
Ciência, filosofia e teologia

Por que um estudante de filosofia e teologia escreveria um livro sobre adicção? Esse assunto não deveria ser deixado para os especialistas — os cientistas? Afinal, a visão predominante entre pesquisadores, conselheiros de tratamento, a mídia e o público em geral é que a adicção é uma doença.[1]

---

[1] A literatura a respeito do conceito de doença aplicado ao alcoolismo é vasta. Seu texto seminal é Jellinek, E.M. *The discase concept of alcoholism* (New Haven: Hillhouse Press, 1960). O mais apaixonado e qualificado de seus defensores contemporâneos foi Mark Keller, ex-editor do *Quarterly Journal of Studies on Alcohol*. Veja seu "The Disease Concept of Alcoholism Revisited", *Journal of Studies on Alcohol* 37 (1976): 1694-1717. O influente Centro de Estudos sobre Álcool da Universidade Rutgers e o Instituto Nacional sobre Alcoolismo e Abuso de Álcool estão ambos profundamente investidos nesse paradigma, e a maioria dos artigos que se encontram nas diversas revistas de estudos sobre alcoolismo e adicção ou defende ou assume implicitamente a ideia de que o alcoolismo é uma doença.

Se adicções são doenças, então não são o tipo de coisa que seres humanos *fazem*, mas sim o tipo de coisa de que seres humanos *sofrem*. E, se for esse o caso, perguntar como deveríamos compreender e descrever a adicção como um tipo de *ação* humana — como proponho — seria simplesmente um equívoco, pois seria um exemplo do que os filósofos chamam "erro categorial", semelhantemente a perguntar se o número sete é amarelo ou verde. Se é errado perguntar: "O que as pessoas estão fazendo quando estão agindo de maneira cancerígena?", não seria igualmente errado perguntar: "O que as pessoas estão fazendo quando estão agindo de maneira adicta?"

O fato de essas perguntas deixarem os filósofos ansiosos talvez explique por que tão poucos deles têm escrito sobre adicção. Até o momento, apenas duas monografias filosóficas sobre adicção foram publicadas.[2] Os teólogos têm sido igualmente reticentes, e o que foi escrito em uma veia teológica é frequentemente

---

[2] SEEBURGER, Francis. *Addiction and responsibility: an inquiry into the addictive mind* (New York: Crossroad, 1993); WILSHIRE, Bruce. *Wild hunger: the primal roots of modern addiction* (New York: Rowman and Littlefield Publishers, 1998). O falecido filósofo Herbert Fingarette escreveu um livro altamente contestado sobre alcoolismo, *Heavy drinking: the myth of alcoholism as a disease* (Berkeley: University of California Press, 1988), mas Fingarette escreveu principalmente como um participante no campo dos estudos sobre álcool. Uma conferência intitulada "O que é adicção?", sediada em 2007 pelo Centro de Ética e Valores da Universidade do Alabama, Birmingham, é um sinal de esperança de que a filosofia está começando a entrar nas conversas sobre adicção.

prejudicado por confusões conceituais decorrentes da hegemonia do conceito de doença da adicção.[3]

O que necessitamos é uma limpeza de terreno conceitual. A fim de abrir espaço para um estudo filosófico e teológico da adicção, demonstrarei que toda tentativa de fornecer condições "cientificamente objetivas" necessárias e suficientes para a adicção falharam. Ainda mais importante, argumentarei que tentativas de definir adicção em terminologia exclusivamente médico-científica — como "doença" — não apenas *falharam,* como, de fato, estão *fadadas* ao fracasso. O argumento prossegue examinando três áreas nas quais a ciência exerceu enorme influência sobre o discurso a respeito de adicção: primeiro, a tentativa de definir adicção; segundo, a tentativa de avaliar o risco da adicção; e terceiro, o tratamento para a adicção. Embora as ciências tenham dado contribuições significativas em cada uma dessas áreas, as conclusões tiradas dessas contribuições têm sido exageradas de maneiras que distorcem nosso entendimento acerca da adicção.

---

[3] Até o momento, apenas dois teólogos publicaram monografias sobre adicção: Mercadante, Linda. *Victims and sinners: spiritual roots of addiction and recovery* (Louisville Westminster John Knox Press, 1996); Nelson, James. Thirst: *God and the alcoholic experience* (Louisville: Westminster John Knox Press, 2004). Adicionalmente, vários médicos e terapeutas cristãos escreveram sobre adicção. Os mais notáveis entre eles são *Addiction and grace* (Nova York: HarperCollins, 1988), do neurologista Gerald Gray; e *Alcohol, addiction and Christian ethics* (Cambridge: Cambridge University Press, 2006), pelo psiquiatra Christopher Cook.

Não nego que a ciência tenha muitas coisas importantes e interessantes para dizer sobre o assunto, entretanto, a ciência não diz e não pode dizer tudo o que há de importante e interessante sobre a adicção. Além disso, as questões deixadas sem resposta pela pesquisa científica e pelo tratamento médico são precisamente as questões que requerem análise filosófica e teológica.

Agora é um momento oportuno para esclarecer de que modo palavras como *adicção* e *alcoolismo* serão utilizadas ao longo do argumento. Na linguagem contemporânea, dizer, por exemplo, que X é um alcoólatra pode ser interpretado de três maneiras: (1) X traz alcoolismo "nos genes" e é, portanto, um alcoólatra, quer tenha consumido uma gota de álcool, quer não o tenha; (2) X é um alcoólatra praticante, exibindo as marcas comuns de comportamento e consumo alcoólatra; ou (3) X é um alcoólatra em recuperação, mas, não obstante, X ainda é um alcoólatra porque é especialmente suscetível a recaídas, sua bioquímica cerebral foi permanentemente alterada, e assim por diante. Salvo indicação em contrário, desejo empregar apenas o sentido (2) quando falo de adicção ou alcoolismo. Estamos interessados em *comportamento* adicto e, embora ampliar a definição possa ser, em alguns momentos, terapêutica ou retoricamente útil, tal movimento levanta exatamente as questões com as quais essa investigação está especialmente preocupada. Se o comportamento adicto pudesse ser explicado completamente pela linguagem científica, então talvez tais definições ampliadas pudessem ser justificadas. No entanto, devo argumentar que o comportamento adicto não pode ser explicado dessa maneira reducionista.

Definindo adicção neurologicamente

O Institute of Medicine [Instituto de Medicina dos Estados Unidos] define adicção como uma "doença cerebral" caracterizada por "uso compulsivo de uma droga".[4] O National Institute on Drug Abuse [Instituto Nacional sobre Abuso de Drogas] define adicção como uma "doença cerebral crônica, recidiva, expressa na forma de comportamentos compulsivos".[5] A American Medical Association [Associação Médica Americana] e a American Psychological Association [Associação Americana de Psicologia] adotaram definições semelhantes.[6]

A lógica na qual os institutos federais de saúde e organizações profissionais baseiam tais definições é surpreendentemente direta: "A adicção em drogas é uma *doença cerebral* porque o abuso de drogas leva a mudanças na estrutura e no funcionamento do cérebro".[7] Especificamente, argumenta-se, a adicção é sempre acompanhada pelas adaptações neurológicas relacionadas de "tolerância" e "abstinência". Tolerância é definida como um processo neurológico no qual doses repetidas de uma droga ao longo do

---

[4] Institute of Medicine. *Dispelling the myths about addiction: strategies to increase understanding and strengthen research* (Washington, D.C.: National Academy Press, 1997), p. 13.

[5] National Institute on Drug Abuse, "Addiction science: from molecules to managed care", disponível em: www.nida.nih.gov/pubs/teaching/Teaching6/Teaching1.html.

[6] "O termo 'dependência química' é usado de maneira intercambiável com 'adicção' por cada um desses sistemas de classificação.

[7] National Institute on Drug Abuse, "NIDA InfoFacts: understanding drug abuse and addittion", disponível em: www.nida.nih.gov/infofacts/understand.html. Grifo no original.

tempo provocam um efeito progressivamente decrescente, fazendo com que a pessoa necessite de doses maiores ou mais frequentes da droga para obter resultados semelhantes. Abstinência é definida como a disforia decorrente da cessação ou da restrição do uso da droga, envolvendo a agitação do corpo pelo rompimento dos equilíbrios modificados estabelecidos por intermédio do processo de uso.[8]

Tipicamente, ao buscarmos oferecer definições, tentamos especificar as condições necessárias e suficientes para o objeto ou o fenômeno que será definido. Assim, por exemplo, um círculo pode ser definido como uma curva plana fechada em que todos os pontos da curva estão equidistantes de um ponto dentro dela, denominado centro. Dizer que essa definição fornece condições necessárias e suficientes para "círculo" é dizer que, para que qualquer coisa seja um círculo, tal coisa *deve* atender a essas especificações (essas especificações são necessárias), e que atender a essas especificações é *suficiente* para justificar que chamemos algo de círculo (essas especificações são suficientes). Portanto, se os fenômenos neurológicos de tolerância e abstinência devem fundamentar a definição de adicção como uma doença cerebral, duas implicações devem ser verdadeiras. Primeiro, deve ser o caso de que a existência de uma adicção implica a presença de tolerância e abstinência (tolerância e abstinência são condições necessárias para a adicção). Em segundo lugar, deve ser o caso de que a presença de tolerância e abstinência implica a existência de uma

---

[8] Institute of Medicine. *Dispelling the myths*, p. 13.

adicção (tolerância e abstinência são condições suficientes para a adicção). Essas implicações são válidas?

Duas objeções básicas se apresentam como obstáculos a uma resposta afirmativa. Por um lado, tolerância e abstinência ocorrem a inúmeras pessoas que não consideraríamos adictas. Por exemplo, pacientes cirúrgicos que recebem morfina ou algum outro anestésico frequentemente desenvolvem sintomas de tolerância e abstinência da medicação, mas poucos deles se tornam adictos. A maioria deles deixa de usar o medicamento imediatamente no momento prescrito, apesar da experiência de sintomas de abstinência. Por outro lado, muitas pessoas que consideraríamos adictas experimentam pouco ou nenhum sintoma de tolerância ou abstinência em relação a suas adicções. Por exemplo, muitos soldados norte-americanos relataram que se tornaram adictos em heroína durante suas missões na Guerra do Vietnã, mas a maioria deles parou de usar a substância ao retornar, relatando nenhum sintoma de abstinência.[9] Os sintomas de tolerância e abstinência, portanto, não podem ser considerados condições necessárias ou suficientes para a adicção. Elas não são, de forma alguma, características insignificantes da adicção; entretanto, não são definitivas ou constitutivas de tal fenômeno.

---

[9] Esse fenômeno tem sido demonstrado em vários estudos separados. Ver KELLER, Mark. "On defining alcoholism: with comment on some other relevant words", em *Alcohol, science, and society revisited*, ed. GOMBERG, Lisansky, WHITE, Helene Raskin, e CARPENTER, John A. (Ann Arbor: University of Michigan Press, 1982), p. 119-33.

Para ilustrar o ponto, considere o seguinte cenário hipotético, mas plausível. Duas pessoas fisiologicamente semelhantes são expostas a quantidades semelhantes de morfina durante um período semelhante. Uma passa um mês no hospital tomando morfina; a outra passa um mês experimentando heroína regularmente (morfina processada). Suponha que, no final do mês, ambas estejam sujeitas a níveis idênticos de tolerância e abstinência. Suponha ainda que, ao sair do hospital, a primeira pessoa pare imediatamente de usar morfina. O consumidor de heroína, porém, não para de consumir heroína e afirma ter-se tornado adicto. Qual é a diferença entre os dois? Seja qual for a diferença, não pode ser uma simples questão de tolerância e abstinência.

A essa altura, defensores do conceito de doença da adicção talvez batam o pé. Podemos imaginar a resposta: "Toda essa conversa sobre condições necessárias e suficientes é uma mera distração. Nosso argumento é bem simples. O abuso de drogas gera mudanças na estrutura e no funcionamento do cérebro. Mudanças comportamentais que podem ser traçadas até mudanças na estrutura e no funcionamento do cérebro são involuntárias. Portanto, o comportamento de pessoas com adicção é involuntário. Portanto, a adicção é mais semelhante a uma doença humana do que a um tipo de ação humana".

Esse é, de fato, um argumento simples, mas será que é sólido? Parece válido, então devemos perguntar se suas premissas são verdadeiras. A primeira premissa parece indiscutível: vários estudos demonstram que o abuso de drogas altera a estrutura e o funcionamento do cérebro. O problema com o argumento aparece na segunda premissa, que afirma que mudanças comportamentais que podem ser traçadas até mudanças na estrutura e no funcionamento do cérebro são involuntárias. A premissa é problemática porque, se isso fosse verdade, descobriríamos que vários tipos de atividades que consideramos voluntárias são, na verdade, involuntárias. Por exemplo, estudos mostram que a estrutura e o funcionamento do cérebro de músicos habilidosos são transformados por anos de prática. Mas certamente isso não significa que, em algum ponto, músicos habilidosos deixem de estar voluntariamente dispostos a tocar seus instrumentos. Certamente, isso não significa que tocar violoncelo pode deixar de ser algo que um violoncelista faz e tornar-se algo de que ele sofre, uma espécie de doença.

A segunda premissa é, portanto, falsa. Do fato de que um comportamento pode ser correlacionado com uma estrutura e um funcionamento cerebral alterados, não podemos inferir que o comportamento em questão seja involuntário. Devemos fazer um tipo diferente de pergunta a fim de estabelecer essa determinação.

Avaliando o risco geneticamente

Se a diferença entre a pessoa adicta e a pessoa não adicta não pode ser rigorosamente especificada em termos de bioquímica cerebral, talvez ela possa ser especificada em termos de alguma outra característica fisiológica. Em anos recentes, com os rápidos avanços na genética, pesquisadores sugeriram que a diferença entre uma pessoa adicta e uma não adicta pode ser explicada por diferenças na composição genética. Eles afirmam que algumas pessoas são geneticamente predispostas a certos tipos de adicção.

Os avanços iniciais na genética da adicção foram o resultado de estudos sobre a diferença nas taxas de alcoolismo entre gêmeos fraternos e gêmeos idênticos. Em geral, gêmeos idênticos tinham taxas de alcoolismo mais similares do que gêmeos fraternos, embora não houvesse nada que se aproximasse de uma correspondência exata. Em um esforço para controlar os fatores ambientais, foram conduzidos estudos em crianças adotadas que haviam sido separadas de seus pais biológicos no nascimento. Em geral, crianças adotadas que tinham pelo menos um dos pais biológicos alcoólatra foram consideradas mais propensas a ser alcoólatras do que as que não tinham nenhum dos pais biológicos alcoólatra. Em um estudo, a taxa de alcoolismo no primeiro grupo foi quatro vezes maior do que a taxa de alcoolismo no último grupo.[10]

Mais recentemente, geneticistas conseguiram isolar genes especificamente relacionados a certas adicções em substâncias. Assim, por exemplo, um estudo de 2005 relatou que uma variação genética particular do receptor mu-opioide levou a um aumento da sensibilidade aos efeitos de substâncias viciantes e, portanto, a um risco maior de adicção.[11] Outros estudos demonstraram que uma variante do gene do álcool desidrogenase (ADH) aumenta o risco de alcoolismo e que essa variante particular é mais proeminente

---

[10] Ver GOODWIN, Donald. *Alcoholism: the facts*, 3. ed. (Oxford: Oxford University Press, 2000). Ver o capítulo 13 para um resumo desse e de vários outros estudos, bem como uma sinopse das descobertas que relacionam alcoolismo e hereditariedade.

[11] ZHANG, Ying, et al. "Allelic expression imbalance of human mu opioid receptor (OPRMI) caused by variant A118G." *Journal of Biological Chemistry* 280 (2005): 32618-24.

em pessoas com ascendência europeia.[12] Estudos similares estão sendo conduzidos em laboratórios de genética ao redor do mundo, e novas descobertas têm sido divulgadas regularmente.[13]

Entretanto, quando examinamos a conexão proposta entre esses genes e o aumento do risco de adicção em substâncias, deparamo-nos com um problema familiar. A conexão tem a ver principalmente com três fatores. Pessoas que têm esses genes exibem uma atração mais imediata e poderosa pela droga relevante em uso, e/ou desenvolvem tolerância à droga mais rápida e severamente, e/ou experimentam sintomas de abstinência mais agudos na ausência da droga. Já estabelecemos que a ocorrência de tolerância e abstinência não constitui condição necessária ou suficiente para a adicção, e o mesmo pode ser dito acerca da ocorrência da intensa experiência hedônica ou antidisfórica de uma droga. Muitas pessoas experimentam intensa gratificação sensorial com o uso de uma droga, mas, mesmo assim, não se tornam adictas. Na verdade, uma experiência tão intensa pode fornecer razões poderosas para nunca mais usar a droga, muito menos tornar-se adicto a ela.

Com relação a cada um desses fatores, o desenvolvimento ou não da adicção em uma pessoa parece depender não simplesmente das experiências de gratificação, tolerância ou abstinência,

---

[12] NURNBERGER, John I. Jr. e BIERUT, Laura Jean. "Seeking the connections: alcoholism and our genes." *Scientific American*, abril de 2007, p. 46-53.

[13] Para obter um registro atualizado das descobertas mais importantes, bem como uma avaliação mensurada da relevância dessas descobertas para a pesquisa sobre adicção e terapias, consulte a página do Genetic Science Learning Center, da Universidade de Utah: https://learn.genetics.utah.edu/content/addiction.

mas sim do significado que a pessoa discerne nessas experiências ou atribui a elas. Ou seja, experiências de gratificação, tolerância e abstinência não *causam* diretamente o comportamento adicto, mas entram na avaliação de um agente sobre envolver-se ou não em tal comportamento. É por isso que a pesquisa genética nunca poderia fornecer um relato causal suficiente da adicção. Assim, a seguinte conclusão otimista de Donald Goodwin sobre o assunto é injustificada: "A última descoberta na pesquisa sobre alcoolismo seria a identificação de um único gene ou grupo de genes que influenciam o comportamento alcoólatra... Quando um 'gene do álcool' for finalmente identificado, se algum dia isso acontecer, poderá ser o caso de que um único gene determine se uma pessoa é alcoólatra ou não".[14]

Jamais poderia ser o caso de que um único gene ou grupo de genes determinasse se uma pessoa é alcoólatra, porque os genes não determinam as pessoas, como deveriam ter deixado claro os próprios estudos de Goodwin sobre as taxas de alcoolismo em gêmeos idênticos. Se os genes fossem *determinantes* para a adicção, então todas as pessoas com a variante ADH1 do gene da álcool desidrogenase se tornariam alcoólatras, o que obviamente não é o caso. Muitos pesquisadores genéticos reconhecem isso abertamente e imploram ao público em geral que reconheça as limitações de suas pesquisas. Como Wolfang Sadee, um dos autores do estudo sobre o gene do receptor mu-opioide, aponta: "Independentemente de qual variante do gene alguém tenha,

---

[14] Goodwin, *Alcoholism*, p. 86.

todos têm o potencial de se tornarem adictos. Portanto, não é que algumas pessoas estejam completamente protegidas contra a adicção [...] Essa descoberta apenas aponta para um dos fatores que controlam a suscetibilidade".[15]

Há uma falha fundamental no argumento que se move da predisposição genética para a adicção à atribuição de doença — uma falha semelhante àquela identificada no argumento que conclui que, uma vez que o comportamento esteja correlacionado com uma química cerebral alterada, tal comportamento só pode ser considerado involuntário. Pois esse argumento depende de uma suposição semelhante, a saber, que, se uma atividade é influenciada por genes, ela é, portanto, involuntária. No entanto, essa suposição é rotineiramente rejeitada quando analisamos a influência dos genes em outras atividades cotidianas. Com a conclusão do projeto do genoma humano, dificilmente uma semana se passa sem a descoberta de um novo gene que se correlaciona de uma forma ou de outra com os padrões do comportamento humano. Agora estamos cientes de que nossos genes desempenham um papel em tudo, desde o quão alegres somos até se somos ou não religiosos. Apesar de seus esforços em contrário, as crianças muitas vezes acabam pensando e agindo de maneira muito semelhante à dos pais, e isso é em parte uma função da maneira como nossos genes influenciam nosso pensamento e nossa ação. E, no entanto, não estamos inclinados a pensar que comportamentos

---

[15] Um sumário do estudo, bem como esses comentários de Sadee, pode ser encontrado em GLADEK, Eva. "Addiction gene", no site da *ScienCentral*: www.sciencetral.com/articles/view.php3?article_id=218392744&cat=1_1.

alegres ou práticas religiosas sejam doenças. Por que, então, deveríamos concluir que a adicção é uma doença simplesmente porque ela tem bases genéticas? A menos que estejamos contentes em reduzir *todo* comportamento humano à patologia, devemos rejeitar a suposição de que a influência genética implique determinismo biológico.

Tratando medicamente a adicção

Nem adaptações neurais provocadas por abuso de substâncias nem predisposição genética para a adicção fornecem evidência suficiente de que a adicção é uma doença. Mas talvez um argumento em favor da redução da adicção à biologia possa ser fundamentado no fato de que as adicções podem ser tratadas medicamente. Se a ciência oferece a única ou mesmo a melhor esperança para "tratar" a adicção, então talvez esta seja mais bem entendida como uma doença. E, se na ausência de tratamento médico a recaída no comportamento adicto for uma certeza ou mesmo algo altamente provável, então talvez haja uma justificação empírica para falar de pessoas com adicções como biologicamente *compelidas* a praticá-los.

O conceito da adicção como doença sustenta, primeiro, que se trata de uma desordem fisiológica crônica, e, segundo, que a adicção, portanto, pode ser mais adequadamente resolvida por meio de intervenção médica. Acontece, no entanto, que nenhuma dessas afirmações é apoiada pelas evidências. Na verdade, ao contrário da visão predominante sobre adicção, a maioria dos adictos *de fato* param de praticar suas adicções e passam a levar uma vida livre delas, sem recaídas. Além disso, a grande maioria dessas pessoas adictas se recupera em um contexto não medicamentoso.

"Uma vez adicto, sempre adicto" é uma obviedade recorrente tanto entre pessoas adictas quanto entre especialistas em adicção.[16] E, curiosamente, parece haver evidência para essa visão *entre aquelas pessoas adictas que buscam tratamento médico*: "De fato, a maioria dos pacientes dependentes de álcool e drogas experimenta recaídas após a *finalização do tratamento* [...] Em geral, cerca de 5 a 60% dos pacientes começam a reutilizar a substância seis meses após a *finalização do tratamento*, independentemente do tipo de alta, das características do paciente ou da(s) substância(s) específica(s) de abuso".[17] Ainda assim, a maioria das pessoas que correspondem aos critérios de adicção nunca esteve em *tratamento* e, portanto, fica de fora do escopo desses estudos.

O que encontramos sobre recaída na população geral de pessoas com adicções? Várias pesquisas nacionais de grande escala nos últimos trinta anos estabeleceram que a adicção não é um transtorno crônico. Usando os critérios para adicção fornecidos por organizações como a Associação Americana de Psicologia e o Instituto Nacional sobre Alcoolismo e Abuso do Álcool, essas pesquisas nacionais registraram (a) a porcentagem da população que, em algum momento de suas vidas, correspondeu aos

---

[16] Alcoholics Anonymous World Services, *Alcoholics Anonymous*, 4. ed. (New York: Alcoholics Anonymous World Services, 2001), p. 33. Doravante o Alcoólicos Anônimos será abreviado como AA.

[17] A. Thomas McLellan, citado em HEYMAN, Gene. *Addiction: a disorder of choice* (Cambridge: Harvard University Press, 2009), p. 66. Grifo meu.

critérios de toxicodependência, e (b) a porcentagem da população que relatou nenhum problema relacionado a drogas pelo menos nos doze meses anteriores à pesquisa. A comparação dos dois números nos permite estabelecer a porcentagem da população em geral que já esteve envolvida em comportamento adicto, mas que, desde então, deixou de praticá-lo. Isso nos dá uma noção da "taxa de remissão" da adicção. Dada a visão predominante na pesquisa sobre adicção, os números são desconcertantes. O Estudo da Área de Captação Epidemiológica de 1980-1984 colocou a "taxa de remissão" da adicção em 59%; a Pesquisa Nacional de Comorbidade de 1990-1992 em 74%; a Pesquisa Epidemiológica Nacional sobre Álcool e Condições Relacionadas de 2001-2003 em 81%; e a Pesquisa Nacional de Comorbidade de 2001-2003 em 82%.[18]

O resultado dessas pesquisas não apenas enfraquece a tese de que a adicção é uma doença caracterizada por recidiva crônica, mas essas pesquisas também enfraquecem a tese de que o tratamento médico é o único, ou mesmo o melhor, meio de recuperação. Os números sugerem justamente o oposto do que esperaríamos, dada uma definição biologicamente reducionista da adicção. As taxas de remissão oscilam entre 10 e 40%, taxas essas significativamente piores do que as taxas de remissão relatadas da população em geral, a maioria da qual não procura tratamento.[19]

---

[18] Os detalhes de cada uma dessas pesquisas, análises dos métodos empregados e interpretação dos resultados são fornecidos em Heyman, *Addiction*, cap. 4.

[19] Ibid., p. 66.

Dois comentários sobre essas descobertas são necessários. Primeiro, elas explicam por que pesquisadores e médicos formularam um entendimento sobre adicção que está em desacordo com a evidência mais abrangente: pesquisadores que estudam a adicção tiraram suas conclusões baseados amplamente em estudos que envolvem pessoas adictas que estão em programas de tratamento médico, ignorando a população significativamente maior de adictos que nunca procuraram tratamento. Segundo, os números *não podem* ser usados para sustentar a tese de que o tratamento médico para a adicção é prejudicial ou inferior. Isso se deve a um viés na pesquisa médica conhecido como "viés de Berkson", que se refere ao fato de que pacientes que buscam tratamento para determinado transtorno têm mais probabilidade do que outros pacientes de exibir comorbidade — isto é, de sofrer de outros transtornos de adicção além do transtorno em questão.[20] Assim, é igualmente provável que as taxas de remissão mais baixas entre os adictos em tratamento se devam às dificuldades que a comorbidade representa para a recuperação, e não a alguma deficiência intrínseca ao tratamento médico da adicção.

Não obstante, as melhores evidências sugerem que uma definição biológica da adicção como doença não pode ser fundamentada no sucesso do tratamento médico. A maioria das pessoas adictas se recupera em contextos não medicamentosos, e, além disso, não há evidência alguma que sugira que o tratamento médico melhore as chances de recuperação da adicção.

---

[20] Ibid., p. 67-68.

Alguns proponentes do paradigma do conceito de doença sugerem que o tratamento eficaz sem intervenção médica não exclui a possibilidade de doença. Por exemplo, George Vaillant argumenta que "o tratamento efetivo da 'doença' arterial coronariana precoce provavelmente depende muito mais da mudança de maus hábitos do que de receber tratamento médico", mas não descartamos com isso nomear tal condição como "doença".[21]

Vaillant está correto em apontar a elasticidade do conceito de doença. Devemos lidar com esses tipos de argumentos caso a caso. Nesse caso, a diferença saliente entre alcoolismo e doença cardíaca é que o sintoma central do alcoolismo é a incapacidade de abster-se do álcool, enquanto nenhum dos sintomas centrais da doença cardíaca implica escolha humana. Se a adicção fosse uma doença, seria uma doença que apresenta a deterioração do poder humano de escolha como seu principal sintoma. Há doenças que atacam os poderes cognitivos e conativos humanos — Alzheimer me vem à mente. Mas, com o Alzheimer, a única esperança de recuperação é farmacológica, o que não é verdade para a adicção. Na verdade, se o sintoma definidor de uma condição é um mau hábito que requer correção, pode-se perguntar por que a condição deveria ser chamada de uma doença em vez de um mau hábito.

CIÊNCIA, FILOSOFIA E TEOLOGIA

A despeito do fracasso da visão científica predominante de fundamentar, com base nas evidências, sua avaliação da adicção

---

[21] VAILLANT, George. *The natural history of alcoholism revisited* (Cambridge: Harvard University Press, 1995), p. 18.

como doença, na população em geral, na mídia e até em muitos no meio médico, persiste a crença de que a ciência está se aproximando de uma panaceia definitiva para a adicção. Assim, por exemplo, dr. Matthew Torrington afirma:

> Com os avanços científicos alcançados no entendimento de como o cérebro humano funciona, não há nenhuma razão para não erradicarmos a adicção nos próximos vinte ou trinta anos. Podemos fazer isso consertando a parte do cérebro que se volta contra você durante a adicção em drogas e que o encoraja a se matar contra sua vontade. Eu acredito que a adicção é o mais superável de todos os grandes problemas que enfrentamos. E eu acho que a venceremos.[22]

Embora esse seja um ponto de vista extremo e provavelmente não representativo dentro da comunidade médica, ele traz à tona exatamente o que está em jogo em qualquer relato cientificamente reducionista da adicção. Tais relatos reducionistas da adicção assumem uma relação causal direta e, portanto, determinista, entre a estrutura do cérebro e o comportamento. Esse é o erro que tem surgido recorrentemente no raciocínio que fundamenta o conceito de doença da adicção. A partir do reconhecimento de que certos comportamentos são o resultado de mudanças no cérebro, os defensores do conceito de doença da adicção inferem ilicitamente que tais comportamentos são, portanto,

---

[22] Citado em LEWIS-DENIZET, Benoit. "An anti-addiction pill?", *The New York Times Magazine*, 25 de junho de 2006.

involuntários. Demonstrei que, para determinar se um comportamento é voluntário ou involuntário, devemos fazer perguntas diferentes daquelas que são feitas pelos proponentes do conceito de doença da adicção. Traçar uma linha entre o voluntário e o involuntário requer uma análise filosófica.

Dada nossa tendência ao que C. S. Lewis chama de "esnobismo cronológico", pode parecer inicialmente estranho recorrer a fontes antigas e medievais para nos ajudarem a desvendar a complexa questão de como distinguir o comportamento humano voluntário do involuntário, mas é exatamente isso que pretendo fazer. Volto-me em particular para o pensamento filosófico de Aristóteles e de Tomás de Aquino em busca de ajuda para essa difícil questão, pois ambos os pensadores estavam intensamente interessados no relacionamento entre o corpo humano e o comportamento humano.

Nem Aristóteles nem Tomás de Aquino teriam ficado especialmente surpresos ao saber de uma "predisposição genética" a certos tipos de atividades humanas, uma vez que isso seria apenas uma afirmação mais específica do que eles já acreditavam ser o caso, a saber, que seres humanos nascem com "naturezas" corpóreas e que o corpo desempenha certa influência na maneira como eles sentem, pensam e comportam-se. Aristóteles, por exemplo, dizia o seguinte sobre a transmissão biológica de traços comportamentais: "Mulheres tolas, bêbadas e estúpidas frequentemente dão à luz filhos como elas mesmas".[23] Mais precisamente

---

[23] Citado em FREEMAN, Diane P. e FREY, Olivia (ed.). *Autobiographical writing across the disciplines* (Durham, NC Duke University Press, 2003), p. 320. Não fui capaz de localizar essa passagem nos escritos de Aristóteles.

(e de modo menos preconceituoso), Tomás de Aquino declara: "Quanto ao corpo, conforme a natureza individual, há certos hábitos apetitivos incoativamente naturais, pois há pessoas predispostas, pela própria constituição física, à castidade, à mansidão e a outras virtudes".[24]

Para Tomás de Aquino, no entanto, uma predisposição natural à castidade ou à mansidão não remove a castidade ou o comportamento manso do domínio da ação humana. A ação humana é circunscrita pelas fronteiras entre voluntário e involuntário. A ação voluntária implica conhecimento de um fim e é resumida pela capacidade do agente de dar razões para o que faz. Como os seres humanos têm, além de seus desejos, a capacidade de formar crenças sobre o que é adequado para eles, eles são capazes de agir, em vez de apenas receber a ação. Assim, por exemplo, embora uma pessoa possa estar predisposta à luxúria, ela é, no entanto, capaz de *agir* com castidade diante da tentação, porque pode reconhecer que a luxúria não é adequada para o fim pelo qual ela se esforça. Por outro lado, embora uma pessoa possa estar predisposta à castidade, ela é capaz de *agir* luxuriosamente, porque pode raciocinar que a luxúria serve aos fins desejados. Sempre que o movimento está conectado com a racionalidade, ele se torna ação.

O discernimento básico oferecido por Tomás de Aquino aqui é que não podemos determinar se um comportamento humano é

---

[24] AQUINO, Tomás de. *Suma teológica* (São Paulo: Loyola, 2002), 1-2. 51.1. Doravante, todas as citações da *Suma teológica* aparecerão referenciadas assim no texto. Nesse caso, "1-2. 51.1" denota a Primeira Parte da Segunda Parte (*Primae Secundae*), questão 51, artigo 1.

voluntário examinando constituições corporais, sejam genéticas, sejam neuronais. Isso porque predisposições genéticas e a configuração cerebral influenciam *tanto* comportamentos voluntários *quanto* involuntários, como os argumentos deste capítulo demonstraram. Tanto o dedilhado do guitarrista profissional quanto os tiques involuntários de uma vítima de Tourette estão correlacionados com desenvolvimentos específicos na estrutura e no funcionamento do cérebro. É por isso que os esforços científicos para defender o conceito de doença da adicção com referência unicamente às características genéticas ou neurológicas não apenas *falharam*, mas, de fato, estão *fadados* ao fracasso.

Se quisermos determinar se certo tipo de comportamento humano é voluntário ou não, devemos procurar em outro lugar. Mas onde devemos procurar? A resposta de Tomás de Aquino é direta. Temos de perguntar se o comportamento em questão é ou não direcionado para certos fins; isto é, temos de perguntar se o comportamento em questão é ou não sensível à razão. Essa é uma questão filosófica profunda e difícil, porque a razão pode estar ligada à ação de maneiras complicadas e paradoxais. Por exemplo, é difícil entender como é possível que ajamos voluntariamente de um modo que sabemos ser prejudicial e, além disso, algumas vezes confessamos fazer coisas mesmo sabendo que aquilo é ruim para nós. Pessoas adictas costumam falar dessa maneira sobre seus comportamentos. Uma longa e venerável tradição filosófica lutou com as complexas e intrigantes conexões entre razão e ação, e explorar essa tradição pode ajudar-nos a entender melhor a natureza do comportamento adicto.

ADICÇÃO E INCONTINÊNCIA
Recursos em Aristóteles

A ADICÇÃO DEVE SER ENTENDIDA COMO UMA DOENÇA OU COMO UMA ESCOLHA? Essa é a questão mais duradoura e controversa na pesquisa sobre o assunto. A questão, no entanto, repousa em uma falsa dicotomia, que surge de um fracasso ou de uma incapacidade de conceber um espaço genuíno entre compulsão e escolha; entre, em termos filosóficos, determinismo e voluntarismo. Isso é uma falha de memória filosófica; pois, de fato, a maior parte da filosofia moral até a era moderna preocupava-se precisamente em revelar e explorar o terreno entre o involuntário determinado e o voluntário espontâneo e irrestrito. A categoria filosófica que cobre esse terreno é a do hábito. Estou convencido de que, se quisermos evitar a falsa dicotomia que impede novas maneiras de compreensão sobre a adicção, devemos recuperar a abandonada categoria do hábito. Para tanto, recorro a dois grandes teóricos do terreno do hábito, Aristóteles e Tomás de Aquino, a fim de dar lugar conceitualmente a formas mais sofisticadas e adequadas de pensar sobre o comportamento adicto.

O PARADOXO DA ADICÇÃO

De acordo com *O grande livro* da comunidade AA, o alcoolismo é "astuto, desconcertante e poderoso" (AA 58). Diz-se que é "desconcertante" por causa da "absoluta incapacidade" de alcóolatras de abandonar o álcool sozinhos, "independentemente de quão grande seja a necessidade ou o desejo" (AA 34): "O fato é que a maioria dos alcoólatras, por razões ainda obscuras, perderam o poder de escolha com relação à bebida. A nossa assim chamada força de vontade torna-se praticamente inexistente [...] Ficamos sem defesa contra o primeiro gole" (AA 24). A tirania que o álcool parece exercer sobre o "poder de escolha" e a "assim chamada força de vontade" de alcóolatras faz do alcoolismo um inimigo "astuto" e "poderoso".

Entretanto, de acordo com o AA, essa admissão de impotência em relação ao álcool é supostamente o "primeiro passo" para recuperar, em certo sentido, o poder sobre o álcool: "O princípio de que não encontraremos qualquer força duradoura sem que antes admitamos a derrota completa é a raiz principal da qual germinou e floresceu nossa irmandade toda".[1] O paradoxo do alcoolismo é que alcóolatras reconhecem a futilidade de sua própria

---

[1] Alcoholics Anonymous World Services. *Twelve steps and twelve traditions* (New York: Alcoholics Anonymous World Services, 1952), p. 22. [Edição em português: *Os doze passos e as doze tradições* (São Paulo: Junta de Serviços Gerais de Alcoólicos Anônimos do Brasil, 2019)]. Doravante, *Os doze passos e as doze tradições* será abreviado por DD e citado no texto. Nota do tradutor: as páginas que aparecem entre parênteses nas referências do texto são da edição em inglês.

força de vontade para resistir ao álcool, mas em um programa de recuperação não medicamentoso eles acessam um poder suficiente para revigorar a vontade outrora impotente. Dado que o programa de recuperação de doze passos do AA foi totalmente adaptado para tratar de uma gama de adicções, podemos generalizar e caracterizar isso como o paradoxo da adicção. Pessoas adictas afirmam ser impotentes em relação a seus comportamentos adictos, mas essa admissão em si é o caminho para recuperar o poder sobre esse mesmo comportamento.

Na tentativa de apresentar uma resposta a esse paradoxo, a maioria dos especialistas em adicção cai em um dos dois campos. O primeiro concentra-se quase exclusivamente na afirmação quase unânime de pessoas adictas de que sua força de vontade ou poder de escolha é insuficiente para resistir ao fascínio de uma substância viciante. Essa resposta aceita como paradigmáticos e literais relatos de adicção como os que se seguem:

> Um homem que, durante quatro semanas em tratamento para embriaguez, bebeu secretamente o álcool de seis potes contendo espécimes mórbidos, ao lhe perguntarem por que ele havia cometido esse ato repulsivo, respondeu: "Senhor, é tão impossível para mim controlar esse apetite doente quanto é, para mim, controlar as pulsações do meu coração".[2]

---

[2] JAMES, Williams. *The principles of psychology* (New York: Dover, 1950), 2:543.

Se um barril de rum estivesse em um canto da sala e houvesse um canhão atirando constantemente entre mim e ele, eu não poderia evitar passar diante daquele canhão a fim de chegar ao rum.[3]

Em um esforço de encontrar uma explicação para a impotência da vontade adicta, a primeira resposta concorda com essas autodescrições de pessoas adictas e rotula a adicção como doença, localizando a fonte da incapacidade da pessoa adicta de parar o uso inteiramente fora da vontade. De acordo com essa visão, a configuração material da doença, quer seja especificada como neurológica, genética ou celular, sobrepuja a vontade da pessoa adicta de tal modo que ela, ao fazer uso da substância, já não age voluntariamente, mas é, antes, compelida a usá-la.

A segunda resposta ao paradoxo da adicção concentra-se quase exclusivamente na capacidade real de algumas pessoas de se recuperar da adicção sem intervenção médica. Na medida em que a recuperação envolve a cessação voluntária do comportamento adicto, o comportamento da pessoa adicta antes da recuperação é considerado igualmente voluntário. A falta de força de vontade por parte da pessoa adicta é interpretada como um caso padrão de má conduta intencional semelhante a outras ações que envolvem a capitulação da vontade em face da tentação. O que está em jogo na adicção, essa visão sugere, não é que uma doença

---

[3] Essa é uma citação de Benjamin Rush de um bêbado do século 18, citado em LEVINE, Harry Gene. "The discovery of addiction", *Journal of Studies on Alcohol* 39 (1978): 152.

destrua a força de vontade humana, mas sim que, em virtude de algum tipo de fraqueza moral, a pessoa adicta repetidamente toma a decisão deliberada de usar a substância. Se a pessoa adicta não se recupera, é só porque ela realmente não quer. Segundo essa visão, "a adicção é uma escolha".[4]

Nenhuma dessas duas respostas ao paradoxo central da adicção é adequada. O conceito de doença da adicção é incapaz de fornecer um relato coerente da óbvia ocorrência de recuperação da adicção sem o auxílio de intervenção médica. Por insistir na linguagem do determinismo, o modelo de doença é incapaz de se inserir na conversa sobre a maneira como a força de vontade da pessoa adicta é desconstruída e reconstruída por meio de um processo não médico de recuperação. A noção de doença, com sua sugestão correspondente de uma compulsão fisiologicamente determinada pela bebida, não pode explicar a incapacidade do alcoólatra de resistir ao álcool; pois, nesse caso, isso significaria, também, que alcoólatras são incapazes de se recuperar sem intervenção médica, o que evidentemente não é o caso.

---

[4] Esse é o título de um famoso livro escrito pelo psicólogo Jeffrey A. Schaler: *Addiction is a choice* (Chicago: Open Court, 2000). As linhas gerais do argumento têm sido reproduzidas em vários livros, incluindo o livro *The useful lie* (Wheaton: Crossway, 1991), do conselheiro cristão William Playfair. Provavelmente, o crítico mais proeminente do modelo de doença é Stanton Peele. Embora a abordagem de Peele seja mais sútil do que a visão simplista da "adicção como escolha", sua tentativa de articular a natureza da adicção frequentemente cai no voluntarismo por falta de uma alternativa filosófica robusta para as opções de doença ou escolha. Ver, *e.g., The diseasing of America: how we allowed recovery zealots and the treatment industry to convince us we are out of control* (San Francisco: Jossey-Bass, 1995).

A confusão gerada pelo modelo de doença é mais do que meramente conceitual. Vivemos em uma sociedade na qual bilhões de dólares são investidos no tratamento médico de uma doença chamada adicção, ao mesmo tempo que bilhões de dólares são gastos para prender e encarcerar pessoas por apresentarem os sintomas de tal doença. Como Gene Heyman observa: "normalmente não defendemos encarceramento e cuidado médico para as mesmas atividades".[5] Da mesma forma, a confusão acerca da adicção reforça os estereótipos de classe. O conceito de doença da adicção é rotineiramente aplicado a adictos ricos, enquanto o público em geral continua a pensar nos adictos pobres como moralmente depravados. A demografia prisional sugere que a hipocrisia é reproduzida nas políticas públicas.

O modelo de escolha para a adicção é igualmente inadequado para lidar com o paradoxo da adicção e da recuperação por diferentes razões. Colocando-se de maneira simples, na tentativa de tornar inteligível a possibilidade de recuperação, a própria categoria de adicção é negada. Ao insistir na linguagem do voluntarismo, o modelo de escolha reduz a adicção à mera fraqueza de vontade com relação a uma substância ou atividade. Em seu modo mais cínico, o modelo de escolha caracteriza as atribuições de "adicção" como uma forma psicológica perversa de racionalização e escusa. Os defensores do modelo da adicção como escolha nunca se cansam de alegar que o paradigma da doença isenta os adictos

---

[5] HEYMAN, Gene. *Addiction: a disorder of choice* (Cambridge: Harvard University Press, 2009), p. 1.

de se esforçar para superar a adicção. A suposição por trás de tal alegação é que as desculpas são o que separa o adicto da recuperação. A adicção, portanto, não é qualitativamente diferente de nenhum outro tipo de falha de força de vontade; algumas pessoas cedem à tentação de comer um pedaço a mais de bolo de chocolate, outras à tentação de beber até morrer.

O relato impressionante de alcoólatras e outras pessoas com sérias adicções vai de encontro a essa tentativa de reduzir o comportamento adicto a um tipo de fraqueza da vontade que talvez seja maior em grau, mas não categoricamente distinto de outras falhas de vontade. À medida que pessoas adictas interpretam e descrevem seus comportamentos e pensamentos adictos, elas testificam que a atração da adicção é qualitativamente distinta de qualquer outro tipo de tentação forte. Essa é, *funcionalmente*, a razão pela qual o modelo da adicção como doença tem sido útil para muitas pessoas com adicções. Tal modelo corresponde à experiência da pessoa adicta como algo fenomenologicamente diferente das fraquezas de vontade diárias comuns, removendo, assim, o estigma moral que acompanha o conceito de escolha da adicção, segundo o qual esta é simplesmente uma má conduta intencional. Como Francis Seeburger coloca: "No mínimo, a disseminação da perspectiva da adicção como doença ajudou muito a superar a ilusão de que os adictos, como grupo, são significativamente diferentes das outras pessoas quando se trata de questões de ética e moralidade".[6]

---

[6] SEEBURGER, Francis. *Addiction and responsibility: an inquiry into the addictive mind* (New York: Crossroad, 1993), p. 63.

Pessoas com adicções descrevem suas experiências de maneiras que não se encaixam facilmente nem com o modelo de doença nem com o de escolha. Diante disso, muitas dessas descrições soam totalmente contraditórias. Talvez as descrições que pessoas adictas oferecem de suas experiências sejam incoerentes e não haja nenhuma formulação filosófica do âmbito da ação humana que torne inteligíveis esses tipos de descrições. O objetivo deste capítulo e do próximo será mostrar, pelo contrário, que as interpretações e descrições oferecidas por pessoas adictas de suas experiências podem tornar-se filosoficamente inteligíveis, sem que a adicção seja reduzida à noção de doença, em um extremo, e à de escolha deliberada, em outro.

Mas se a adicção não é uma doença nem uma escolha, o que é então? Essa é a pergunta que fiz para mim mesmo, mas ainda não está inteiramente claro que essa é uma pergunta inteligível. Afinal, a adicção não é uma realidade simples. Existem vários tipos diferentes de adicção. Uma distinção comum é aquela entre adicções em "substâncias" e adicções "comportamentais". Adicções em substâncias incluem adicções em substâncias químicas como álcool, nicotina, anfetaminas e opiáceos. Adicções comportamentais incluem adicções em comportamentos particulares, tais como ver pornografia, fazer compras, apostar em jogos de azar e navegar na internet. Além disso, parece haver graus diferentes de adicção: falamos de pessoas "tornando-se adictas", "lutando contra uma adicção", "estando adictas" e "profundamente dependentes". As adicções se apresentam em todos os tipos e tamanhos. Como, então, posso colocar de maneira simples e direta a pergunta "O que é adicção?"?

E, no entanto, quando falamos de todos esses tipos de comportamentos como "adicções", certamente pretendemos apreender algo comum a todos eles. A menos que haja algum "núcleo" fenomenológico da experiência adicta, qualquer coisa que possa ser dita sobre a adicção *per se* será alvo de mil qualificações, e a pergunta "O que é adicção?" não terá sentido. Além disso, salvo se pelo menos alguma parte desse núcleo fenomenológico da experiência adicta for intrigante e obscura demais para uma explicação direta, a questão "O que é adicção?" será desinteressante. Defendo que a pergunta é significativa. Existem, de fato, experiências compartilhadas pela maioria das pessoas com adicções. Defendo também que a questão é interessante. Dentre o conjunto de experiências compartilhadas pela maioria dos adictos, algumas são extremamente intrigantes. Quando pergunto: "O que é adicção?", estou perguntando se podemos entender os aspectos mais complicados do comportamento adicto que são compartilhados por uma ampla gama de pessoas adictas.

Para começar a estreitar nosso foco, portanto, devemos tentar localizar a experiência adicta dentro de um amplo espectro de descrições da ação humana. Recorro a Aristóteles em busca de ajuda nessa tarefa, pois a filosofia da ação humana desse pensador é sensível às características sutis da ação humana que exigem distinções e diferenciações precisas.

Adicção e incontinência

No nível mais amplo, Aristóteles distingue quatro tipos de ação humana: a ação virtuosa, a ação continente, a ação incontinente e a ação viciosa. Uma ação virtuosa é realizada sempre que uma pessoa racionalmente aprova o que é bom, deseja o que é bom e, correspondentemente, faz o que é bom. Uma ação continente é realizada sempre que uma pessoa racionalmente aprova o que é bom, deseja o que é mau, mas, seguindo a razão, faz o que é bom. Uma ação incontinente é realizada sempre que uma pessoa racionalmente aprova o que é bom, deseja o que é mau e, seguindo o apetite, faz o que é mau. Por fim, uma ação viciosa é realizada sempre que uma pessoa racionalmente aprova o que é mau (acreditando que seja bom), deseja o que é mau e, correspondentemente, faz o que é mau.

Chamar uma ação, ou um tipo de ação, de "boa" é simplesmente afirmar que tal ação é um componente adequado a um modo de vida digno. Chamar uma ação, ou tipo de ação, de "má" é negar que tal ação seja adequada a um modo de vida digno. Assumindo que a adicção é destrutiva, em vez de benéfica, ao florescimento humano, comportamentos adictos são maus e, portanto, ou incontinentes, ou viciosos, ou estão completamente além do escopo da ação humana. Mas como poderíamos distinguir os três?

A pessoa adicta incontinente seria aquela que (a) tem a crença de que o comportamento adicto é ruim para ela e tem um desejo correspondente de não se envolver em tal comportamento; (b) tem alguma capacidade de resistir ao comportamento; mas, (c) não obstante, se envolve em comportamento adicto contra seu melhor juízo. Obviamente, existem experiências adictas que *não* se encaixam nessa descrição. Aristóteles teria sugerido dois tipos diferentes de experiência adicta que definitivamente estariam fora do escopo da incontinência. Primeiro, uma pessoa adicta poderia não ter (a) uma crença de que o comportamento em questão é ruim para ela nem o desejo correspondente de evitar o comportamento adicto. A pessoa adicta que se envolve em comportamento adicto na ausência de (a) seria denominada por Aristóteles como adicta "autoindulgente", e seu comportamento se enquadraria na categoria de ação viciosa. A pessoa adicta autoindulgente não apenas se envolve em atividade adicta, mas o faz dedicadamente, acreditando que a atividade é um bem digno de ser buscado e, portanto, desejando-o inteiramente. A pessoa adicta autoindulgente não se entrega a uma tentação que é contrária à sua crença sobre o que ela deve fazer. Antes, a pessoa adicta autoindulgente acredita que o comportamento adicto é o que ela deve fazer. Não há nenhuma "tensão" interna à medida que a pessoa adicta se envolve em comportamento adicto, e, portanto, esse comportamento não é suscetível a correção.[7] Modificando um velho ditado popular, se você não acredita que algo está quebrado, você não tentará consertá-lo.

---

[7] Harry Frankfurt, em seu ensaio clássico "Freedom of the will and the concept of a person", em *Free will*, ed. WATSON, Gary, 2. ed. (Oxford: Oxford University Press, 2003), p. 335, oferece uma descrição do que ele chama de "adicto deliberado", que se assemelha bastante à nossa noção aristotélica do adicto autoindulgente. No linguajar filosófico de Frankfurt, o adicto deliberado é aquele que não experimenta nenhum conflito entre seus desejos de primeira e segunda-ordem. O adicto deliberado deseja o objeto viciante e deseja desejá-lo.

Por outro lado, Aristóteles sustentaria que uma pessoa adicta poderia não ter (b) — alguma capacidade de resistir ao comportamento adicto — e, portanto, não ser corretamente descrita como incontinente. A pessoa adicta que se envolve em comportamento adicto na ausência de (b) seria denominada por Aristóteles como adicta mórbida, e seu comportamento estaria completamente fora do escopo da ação humana. A pessoa mórbida é aquela que, "em razão de doença (por exemplo, epilepsia) ou loucura" (1149a11), não é capaz guiar suas ações racionalmente. A epilepsia e a loucura são tais que temporária ou permanentemente tornam a pessoa humana por inteiro um paciente, removendo toda a agência. Em ambos os casos, a agência da pessoa se torna ineficaz, removendo, assim, o comportamento do agente da categoria de ação humana. A relação da pessoa adicta mórbida com o comportamento adicto é exatamente a mesma que a relação de um epiléptico com as convulsões. Se a agência de uma pessoa é ineficaz, então não está em seu poder corrigir seu comportamento; portanto, a pessoa não está agindo de forma alguma, mas sim sofrendo a ação.

É tentador ouvir na linguagem de Aristóteles de "doença" e "loucura" ressonâncias com o modelo contemporâneo de adicção como doença. Existe, no entanto, uma diferença decisiva entre o que ele pretende dizer com a noção de um caráter mórbido e o que se entende no campo dos estudos sobre adicção com a caracterização desta como doença. Para Aristóteles, alguém cujo comportamento é o resultado de uma doença ou loucura é, desse modo, inteiramente removido do domínio da responsabilidade por aquele comportamento. E isso, de fato, está de acordo com nossa compreensão normal de uma doença como algo que é biologicamente *determinado*. O conceito contemporâneo da adicção como doença, entretanto, se engana nesse ponto, afirmando que a vítima doente, embora talvez inimputável por suas ações, é, no entanto, responsável por corrigi-las.

Retornando à taxonomia aristotélica, algumas pessoas adictas seriam corretamente classificadas como autoindulgentes ou mórbidas nos termos de Aristóteles. De fato, muitas pessoas adictas passam por uma fase autoindulgente, impulsionadas pela convicção fugaz de que a adicção pode ser mantida sem nenhum prejuízo drástico para sua saúde ou bem-estar. Por outro lado, algumas pessoas adictas claramente carecem da capacidade de mudança, porque suas agências se tornaram impotentes ou insuficientes por alguma herança natural. A maior parte de indivíduos que poderiam ser descritos com precisão na linguagem de Aristóteles como "adictos mórbidos" são pessoas com doenças mentais graves ou deficiência mental.

Curiosamente, o AA é bastante hesitante em situar as pessoas nessa categoria: "Existem também aqueles que sofrem de graves transtornos emocionais e mentais, mas muitos deles se recuperam se têm a capacidade de ser honestos" (AA 58). Com relação aos "mendigos, vagabundos, reclusos, prisioneiros, *queers*, malucos e mulheres decadentes" que muitos dos primeiros grupos do AA resolveram não admitir como membros, a sabedoria posterior do AA descobriu que "milhares dessas pessoas, algumas vezes assustadoras, fizeram recuperações espantosas e se tornaram nossos maiores obreiros e amigos íntimos" (DD 140-41).

Aristóteles é mais liberal em suas atribuições de morbidez. Por exemplo, ele observa: "É surpreendente se um homem é derrotado e não consegue resistir aos prazeres ou dores a que a maioria dos homens pode resistir quando isso não é devido a hereditariedade ou doença, como a suavidade que é hereditária com os reis dos citas, ou o que distingue o sexo feminino do masculino" (1150b12-16). Parece provável que Aristóteles estaria disposto a colocar um grande número de pessoas adictas na categoria "mórbida" e, portanto, que ele teria simpatizado com caracterizar muitas adicções como determinadas pela hereditariedade. O que Aristóteles *não* teria aceitado é a afirmação simultânea de que os adictos por hereditariedade podem ser responsabilizados por suas adicções e devem recuperar-se em um contexto não medicamentoso. Ele é consistente demais para isso. O determinismo hereditário remove tanto a culpabilidade quanto a responsabilidade no ponto de vista de Aristóteles, como fica claro nessa e em outras passagens. No entanto, visto que sabemos que a maioria das pessoas adictas mostra uma capacidade de recuperação, demonstrando, assim, que seu comportamento adicto é remediável, a maioria dos indivíduos com adicções seria inadequadamente descrita como "mórbida" ou "doente".

Não há nada particularmente surpreendente no comportamento do indivíduo autoindulgente ou do adicto mórbido. A pessoa adicta autoindulgente acredita que deve envolver-se em ações adictas, deseja envolver-se em ações adictas e, portanto, envolve-se em ações adictas. Não há mistério aqui. Com relação à pessoa adicta mórbida, ela está fisicamente determinada a se comportar como o faz. Nenhum mistério aqui também. É o comportamento e a experiência do adicto *incontinente* que é verdadeiramente intrigante. Por isso, quando fazemos a pergunta "O que é adicção?", estamos procurando uma maneira de descrever apropriadamente e dar um relato da ação adicta incontinente. Na verdade, a ação incontinente em geral é profundamente intrigante, e o tratamento de Aristóteles do problema da simples incontinência pode ser estendido e aprofundado para investigar a natureza única da incontinência adicta. Pois é em sua tentativa de lidar com o mistério da incontinência que ele destaca a categoria de hábito como indispensável para qualquer explicação adequada do espectro da ação humana.

Fontes de incontinência

A incontinência apresenta um paradoxo filosófico por si só. Ela pode ser caracterizada de maneira direta como o que ocorre quando um agente age contra seu próprio melhor juízo. É tão óbvio pela própria experiência que esse tipo de coisa acontece, que pode não ser imediatamente aparente porque isso é paradoxal. Mas isso pode ser demonstrado da seguinte maneira. Se, como é comumente sustentado, agentes agem de modo que promovam o que eles acreditam ser, no todo, para seu maior benefício, então como pode ser que um agente genuinamente acredite que um curso de ação é para seu maior benefício e, ainda assim, opte por seguir um curso de ação contrário? Como um agente pode escolher fazer o que acredita ser inferior a outro curso de ação que estava disponível para ser seguido?

Como a categoria de incontinência é frequentemente pensada como primariamente parte do domínio da escolha, pode parecer que retratar a adicção como uma forma de incontinência é capitular ao modelo da adicção como escolha. Entretanto, isso é um entendimento equivocado da categoria de incontinência. O teste determinante do comportamento incontinente não é se o comportamento foi ou não o resultado de uma escolha deliberada, mas sim se o comportamento é ou não suscetível a correção por meio de algum exercício de agência humana. Em outras palavras, quer o comportamento tenha sido escolhido por meio do exercício de uma vontade espontânea e arbitrária, quer não o tenha, isso não importa para a atribuição de incontinência; tudo o que é necessário para a atribuição de incontinência é que o agente possa ser responsabilizado por corrigir seu comportamento por meio do exercício (ao longo do tempo) de seu poder de ação.

Esse esclarecimento é importante porque nos ajuda a entender que atribuições de incontinência não implicam necessariamente que um agente seja *culpável* por seu comportamento. Frequentemente, as pessoas passam a agir de forma incontinente sem ter culpa. Por exemplo, Aristóteles aponta que as raízes de alguns comportamentos incontinentes podem ser rastreadas até à habituação infantil ou à força do costume. Podemos pensar especialmente no poder formativo do trauma sexual e da opressão. Assim, Aristóteles distingue "incontinência simples" — incontinência que resulta de decisões conscientemente tomadas por um agente moral competente — de outras subcategorias de incontinência. Apenas em casos de incontinência simples pode o agente ser considerado totalmente *culpável* por seu comportamento. No entanto, mesmo nos casos em que um agente não é em nenhum sentido culpável por vir a se comportar como se comporta, ele pode, não obstante, ser *responsabilizado* por modificar seus modos, uma vez que é "capaz de responder" à sua situação por meio do exercício da agência. Independentemente de *como* uma pessoa se tornou incontinente (e, portanto, independentemente de quão *culpável* uma pessoa possa ser por sua incontinência), a própria ação incontinente permanece misteriosa; pois, independentemente de *como* um agente passou a ter desejos que contradizem sua razão, ainda é desconcertante que a razão nem sempre vença. Uma vez que um agente *acredita* ou *sabe* que uma linha de ação é ruim, por que ele a adota?

Em sua tentativa de responder ao paradoxo da ação incontinente no livro VII da *Ética a Nicômaco*, Aristóteles começa, como ele frequentemente o faz, registrando o que outros disseram sobre o assunto. Ele relata que Sócrates respondeu ao paradoxo negando, em primeiro lugar, que houvesse um paradoxo: "Pois *Sócrates* se opôs inteiramente à visão em questão, sustentando que não existe incontinência; ninguém, disse ele, quando dotado de discernimento, age contra o que julga ser o melhor — as pessoas agem de tal maneira apenas por ignorância" (1145b25-28). A posição de Sócrates, então, é que a incontinência genuína não ocorre, uma vez que em qualquer caso de incontinência aparente o agente não possui o conhecimento com o qual seu comportamento está em contradição. Sempre agimos de acordo com nosso "melhor juízo", de acordo com Sócrates, mesmo que, para os outros que observam ou para nosso próprio olhar retrospectivo, pareça que deveríamos ou poderíamos ter "julgado melhor". Sempre que um fumante adicto, por exemplo, acende outro cigarro, pelo menos naquele momento ele acredita que fumar é de seu melhor interesse e, por implicação, é ignorante do fato de que acender não é de seu melhor interesse. E, é claro, não podemos ser responsabilizados por ações realizadas em ignorância. A ação incontinente, na visão de Sócrates, é simplesmente uma ação ignorante e, portanto, não constitui uma falha moral.

De acordo com sua metodologia de "salvar as aparências", Aristóteles rejeita a resposta socrática ao problema da incontinência, dizendo: "essa visão contradiz claramente os fatos observados" (1145b29-30). Ele, portanto, procura fornecer uma explicação filosoficamente coerente da ação incontinente que não simplesmente negue a categoria da ação incontinente por completo ao longo do processo.

No decorrer do tratamento de Aristóteles ao enigma da incontinência, duas linhas de resposta emergem. O primeiro tipo de resposta que Aristóteles propõe é que, às vezes, o raciocínio necessário para superar a ação incontinente simplesmente não é concluído por causa da interrupção da paixão. O segundo tipo de resposta que ele propõe é que, às vezes, embora o raciocínio possa ser completado, não é seguido devido ao peso do hábito.

No processo de oferecer sua primeira resposta ao enigma, Aristóteles traça uma distinção entre o que chama de "conhecimento potencial" e "conhecimento real": "Há diferença no tipo de ação se, quando um homem faz o que não deveria, ele tem o conhecimento, mas não o está exercendo, ou se o *está* exercendo; pois o último parece estranho, mas o primeiro não" (1136b32-35). Uma distinção pode ser feita entre um julgamento racional possuído, mas não exercido, e um julgamento racional exercido; o primeiro é um conhecimento potencial, o último um conhecimento real.

À medida que desenvolve o significado dessa distinção para a questão da incontinência, Aristóteles depende de uma consideração da ação segundo a qual a ação pode sempre ser representada como o resultado de um silogismo prático. Um silogismo prático consiste em duas premissas, uma universal e outra particular. A premissa universal faz um juízo universal, como "Tudo que é doce deve ser provado" (1147a29). A premissa específica faz um julgamento específico, como "Isto é doce" (1147a29). Quando uma conexão válida é feita entre uma premissa universal e uma particular, uma ação é a culminação do silogismo: a coisa doce é saboreada. Para Aristóteles, então, todo ato humano pode ser representado como consequência de um silogismo prático. Digo que todo ato humano *pode* ser representado como consequência de um silogismo prático para destacar o ponto de que o raciocínio silogístico não precisa preceder toda ação humana. Frequentemente, a construção de um silogismo prático é realizada retrospectivamente para mostrar ou avaliar a racionalidade de uma determinada ação.

Com base em sua visão da ação humana como consequência de um silogismo prático, Aristóteles explica como um agente pode, *em certo sentido*, ter um juízo, mas agir de maneira contrária a esse juízo. Visto que, de acordo com a explicação que Aristóteles começou a desenvolver, toda ação humana pode ser representada como consequência de um silogismo prático, parece que a ação incontinente exigirá que o agente possua, em algum sentido, dois silogismos práticos — um que, caso estivesse conectado corretamente na mente do agente, teria levado a uma ação correta, e outro que *está* conectado na mente do agente e, portanto, *de fato* leva a uma ação errada. Em cada um desses casos, o julgamento racional que teria levado à ação continente é possuído pelo agente não de fato, mas apenas potencialmente, no momento em que a ação incontinente é realizada. Aristóteles sugere uma variedade de maneiras pelas quais isso pode ocorrer.

Primeiro, a premissa necessária pode ser apenas potencialmente conhecida por falta de tempo. O agente pode ser pressionado ou se apressar a agir antes de trazer à mente a premissa apropriada. Segundo, a premissa necessária pode ser apenas potencialmente conhecida porque um forte apetite interrompe ou distorce o processo deliberativo (1147a32-35). Terceiro, a premissa necessária pode ser apenas potencialmente conhecida porque uma mudança constitucional (como a embriaguez) incapacita o processo deliberativo (1147a14-18).

Isso conclui a primeira linha de resposta de Aristóteles, segundo a qual a ação incontinente é possível porque o raciocínio necessário para evitá-la, conquanto acessível ao agente e, portanto, "potencialmente conhecido", não é realmente executado no momento crucial. Aristóteles chama a incontinência que resulta desse tipo de falha de "incontinência impetuosa". A incontinência impetuosa ocorre sempre que a pressa, o apetite forte ou um estado corporal anormal destroem o processo deliberativo necessário para chegar a um juízo correto, que levaria a uma ação correta.

A análise de Aristóteles da incontinência impetuosa nos ajuda a compreender melhor uma ampla gama de comportamentos adictos. Primeiro, a forma pela qual a alteração corporal pode perturbar o processo deliberativo é ilustrada pela "perda de controle" das pessoas adictas sobre seu comportamento adicto "dentro do episódio" (por exemplo, depois do primeiro gole). Segundo, a forma pela qual a alteração corporal pode perturbar o processo deliberativo é exibida quando pessoas com adicções relatam que seu comportamento se ocasionou por conta de um intenso "anseio físico" pela substância viciante. E, terceiro, a forma pela qual fortes apetites podem interromper ou distorcer o processo deliberativo é mostrada quando pessoas adictas relatam que seu comportamento se deveu ao "anseio psicológico" pela substância viciante. Vamos examinar cada um desses casos separadamente.

Embora seja a peça central do modelo de doença para a adicção, o conceito de "perda de controle" muitas vezes não é claramente especificado. Do que exatamente, digamos, os alcoólatras perdem o controle: da capacidade de resistir ao primeiro gole ou da capacidade de parar de beber depois de tomarem o primeiro gole? Donald Goodwin, um importante especialista nos estudos sobre álcool, afirma que "a perda de controle se refere à incapacidade do alcoólatra de parar de beber depois de começar."[8] Essa

---

[8] GOODWIN, Donald. *Alcoholism: the facts*, 3. ed. (Oxford: Oxford University Press, 2000), p. 90.

delimitação, no entanto, representa um dilema para a visão padrão do alcoolismo como doença. Pois, se a perda de controle é desencadeada apenas *após* o primeiro gole, por que o alcoólatra não deveria simplesmente ser capaz de resistir ao primeiro gole? Em qualquer caso, dada a análise de Aristóteles do papel da mudança constitucional na incontinência impetuosa, o comportamento adicto "dentro do episódio" não é especialmente surpreendente. Dada a maneira pela qual o comportamento adicto reconfigura a estrutura neurológica do cérebro adicto, a primeira bebida ou a primeira injeção de uma droga realmente traz uma mudança constitucional decisiva no corpo da pessoa adicta — uma mudança muito mais decisiva do que aquela provocada quando uma pessoa não adicta toma o primeiro gole ou a primeira injeção de uma droga. Não ficamos surpresos quando as pessoas bêbadas geralmente deixam de raciocinar bem sobre seu comportamento; e, portanto, a "perda de controle" no momento do consumo da substância viciante por pessoas com adicções também não deveria ser surpreendente. O comportamento adicto que ocorre no momento de consumo da substância viciante é, de fato, o tipo menos misterioso de comportamento adicto, e os processos em ação nele são explicados pela análise de Aristóteles da incontinência impetuosa.

E quanto ao comportamento adicto que supostamente é uma resposta ao anseio? O conceito de anseio é complexo e de difícil definição, mas uma distinção comum, embora imprecisa, entre "anseio físico" e "anseio psicológico" ajudará a elucidá-lo. Biologicamente, essa distinção é insustentável, em última instância, uma vez que *todo* desejo tem um correlato fisiológico. No entanto, a distinção é útil porque mapeia algumas de nossas intuições fenomenológicas. Assim, digamos que o "anseio físico" significa que o agente pode apontar para o que o aflige (a cabeça, se for uma dor de cabeça; o estômago, se for náusea; as mãos, se forem tremores etc.), enquanto "anseio psicológico" significa que o que está perturbando o agente não pode ser localizado de forma semelhante por ele.

O anseio físico é um desejo intenso e persistente de se envolver em comportamento adicto como meio de escapar do desconforto corporal, e seus sintomas característicos incluem suores frios, náuseas e tremedeiras incontroláveis. Essas experiências corporais são frequentemente entendidas como consequências de abstinência física de alguma substância viciante, e a abstinência resultante da falta da substância é entendida como evidência de tolerância física e dependência. Algumas pessoas adictas não experimentam nenhum anseio físico, e algumas que experimentam anseio físico não são adictas (lembre-se do paciente de hospital tomando morfina). Não obstante, o anseio físico muitas vezes acompanha a experiência da adicção.

O anseio físico parece ser um claro exemplo da maneira como um forte desejo pode obstruir a ação continente, porque está associado ao que Aristóteles chamou de mudança constitucional. Mas como devemos entender a ação humana diante de um forte desejo visceral? Podemos imaginar casos em que desconfortos corporais causam desejos, até mesmo desejos fortes, os quais são, não obstante, facilmente resistidos. Mesmo uma pessoa com muita sede pode resistir ao desejo de beber de uma poça de água estagnada que sabe estar infestada de bactérias nocivas, especialmente se houver motivos para acreditar que a sede pode ser aliviada com segurança mais tarde. Mas podemos levar esse exemplo ao ponto em que o poder de escolha parece estar seriamente em risco. Simplesmente remover a expectativa de que a sede possa ser aliviada com segurança em um futuro próximo nos empurra nessa direção, e não é difícil imaginarmos uma sede tão intensa que uma pessoa normal, na ausência de uma esperança razoável de alívio futuro, beberia uma água que sabe ser prejudicial ou até mortal. Nesse caso, a necessidade corporal supera o processo deliberativo.

Um processo semelhante ocorre sempre que pessoas adictas, em resposta a necessidades corporais intensas, adotam um comportamento que "sabem" ser prejudicial a elas. Tomemos, por exemplo, a explicação de William Burroughs de por que pessoas adictas em heroína parecem incapazes de resistir voluntariamente a ingerir heroína em face de certos sintomas de abstinência: "A razão pela qual é praticamente impossível parar de usar e curar-se é que a doença dura de cinco a oito dias. Doze horas seria fácil, vinte e quatro possível, mas cinco a oito dias é muito tempo".[9] Podemos imaginar uma explicação semelhante de por que uma pessoa encalhada no mar acabaria sendo praticamente incapaz de resistir a beber água do mar, mesmo se ela "soubesse" que isso a mataria. Portanto, não há grande mistério para

---

[9] BURROUGHS, William. *Junky* (New York: Penguin Books, 1997), p. 94.

os casos de comportamento adicto que possam ser explicados com referência a desejos viscerais intensos. Esse comportamento adicto se encaixa bem na categoria de incontinência impetuosa de Aristóteles.

Nem todo anseio, entretanto, atinge o nível de necessidade visceral que explicaria alguns tipos de comportamento adicto. Muitas pessoas adictas precisam ser literalmente presas por algum período de tempo após a cessação de sua atividade adicta, uma vez que são praticamente incapazes de resistir a seus desejos viscerais avassaladores; mas, uma vez que o anseio físico diminui, a pessoa adicta deve ser liberada para se defender por si mesma. Não porque a pessoa adicta esteja livre do anseio. Antes, é porque o anseio deixou de ser primariamente físico e passou a ser predominantemente psicológico. Pode o comportamento adicto induzido pelo anseio psicológico também se enquadrar na categoria de incontinência impetuosa de Aristóteles?

Geralmente, o anseio psicológico é caracterizado por uma mistura de impulsos eufóricos e disfóricos, desejos de experimentar satisfação e desejos de ser aliviado da insatisfação. Mesmo quando não está enraizado na necessidade corporal, o desejo pode atrapalhar a busca de um agente pela ação continente ao fazer o agente considerar em excesso determinada premissa particular da razão prática ao custo de subestimar e, eventualmente, não considerar a premissa apropriada. O forte desejo psicológico por um objeto pode distrair ou impedir o agente de considerar a premissa particular que ele ou ela conhece potencialmente e precisa colocar em prática a fim de agir de maneira continente.

Mas, quando colocamos a questão dessa maneira, é difícil ver como o "anseio psicológico" da adicção é diferente das experiências cotidianas de tentação à indulgência enfrentadas tanto por adictos quanto por não adictos. Se o fracasso com relação a essas experiências cotidianas de tentação deve ser entendido diretamente como uma falha de escolha moral, então, não deveríamos também entender a capitulação da pessoa adicta ao anseio psicológico como uma simples escolha? Afinal, como a vontade exerce algum poder sobre as paixões, não estamos simplesmente à mercê de nossos desejos. Embora o desejo muitas vezes venha até nós sem ser convidado, como um evento em nossa vida psicológica, temos recursos para lidar com ele. Somos capazes de desviar o intelecto da consideração do desejo existente. Como agentes humanos, está em nosso poder escolher voluntariamente não insistir em desejos que nos invadem. Tomados isoladamente, então, nunca há um caso de "mero" anseio psicológico ao qual somos incapazes de resistir por meio do redirecionamento do olhar do intelecto.

No entanto, o anseio psicológico que acompanha a adicção representa uma ameaça especial às nossas habilidades de resistir ao desejo, porque os desejos que constituem o anseio psicológico nunca vêm isoladamente. O desejo do anseio psicológico é diferente de qualquer outro tipo de desejo, não em sua intensidade — que pode variar amplamente —, mas sim em sua resiliência.[10] Os desejos adictos são infatigavelmente persistentes e invadem a

---

[10] WALLACE, R. Jay. "Addiction as defect of the will: some philosophical reflections," em *Free will*, ed. WATSON, Gary. (Oxford: Oxford University Press, 2003), enfatiza a natureza distintivamente resiliente do desejo adicto.

consciência do agente não uma ou duas vezes, mas repetidamente. Todo esforço para desviar o olhar do intelecto para longe do objeto de desejo, ou para chamar o intelecto para refletir sobre a inferioridade do objeto de desejo, é encontrado não pelo alívio da ameaça imediata, mas por um novo ataque em um disfarce semelhante. Se o conflito entre a vontade e o desejo não adicto (por exemplo, o desejo por muitos pedaços de bolo) é uma batalha, então o conflito entre a vontade e o desejo adicto é uma longa guerra de constante desgaste. William Irvine pergunta: "Por que a vontade se torna subserviente" ao desejo resiliente em tais guerras?

> Pela simples razão de que eles [os desejos resilientes] se recusam a lutar de forma justa. As emoções, em suas relações com o intelecto, não usam a razão para obter sua cooperação. Em vez disso, os desejos desgastam a razão com mais súplicas emocionais. Imploram, reclamam e intimidam. Não aceitam "não" como resposta. Eles não darão ao intelecto um momento de paz. Na maioria dos casos, o melhor que o intelecto pode esperar é resistir a essas súplicas por um tempo. Então ele sucumbe.[11]

Gerald May expressa o mesmo ponto de forma mais sucinta: "Força de vontade e resolução vêm e vão, mas o processo

---

[11] IRVINE, William. *On desire: why we want what we want* (Oxford: Oxford University Press, 2006), p. 76.

adicto nunca dorme".[12] O anseio psicológico é o grande inimigo da ação continente simplesmente porque opõe uma força de recursos aparentemente inesgotáveis contra um poder limitado, a vontade humana. Assim que um desejo adicto é banido de cena, outro aparece. O desejo dispara uma salva após a outra de desejos singulares na consciência de um agente, exaurindo gradualmente o poder limitado da vontade humana. Assim, o anseio psicológico pode ser uma fonte potente de incontinência impetuosa.

Como vimos, o comportamento adicto dentro do episódio de consumo e aquele desencadeado por um intenso anseio físico ou psicológico incessante podem ser entendidos como exemplos extremos de incontinência impetuosa. De fato, à medida que reconhecemos a relação frágil entre a força de vontade humana e o forte anseio psicológico visceral ou incessante, uma ampla gama de comportamentos adictos torna-se inteligível.

No entanto, o que é mais intrigante sobre o comportamento adicto permanece intocado por essa análise. Pois o que é mais intrigante sobre o comportamento adicto é que os adictos regularmente se envolvem em comportamento adicto *na ausência de* um forte anseio psicológico visceral ou persistente. Tanto os anseios físicos quanto os anseios psicológicos são estados transitórios; sabemos, por meio de estudos fisiológicos e de depoimentos de pessoas com adicções, que ambos os tipos de anseio diminuem e podem, por fim, desaparecer. A duração do anseio

---

[12] MAY, Gerald. *Addiction and grace* (New York: HarperCollins, 1998), p. 52.

físico é biologicamente circunscrita e, portanto, bastante uniforme entre as pessoas adictas na mesma substância. A duração do anseio *psicológico* é influenciada por uma ampla gama de fatores e, portanto, é menos uniforme entre as pessoas adictas; no entanto, todos os adictos experimentam um movimento do anseio psicológico incessante para o desejo intermitente (que muitas vezes é "dependente da sugestão"). Muitas pessoas em recuperação testemunham que já não anseiam pela substância viciante.

Entretanto, a recaída frequentemente ocorre mesmo após a cessação do anseio. Como devemos explicar isso? Não podemos explicá-lo baseando-nos na categoria de incontinência impetuosa. Voltamos, então, ao amplo tratamento da incontinência de Aristóteles, buscando recursos para lidar com o mais intrigante dos comportamentos adictos. É nesse ponto que a categoria de hábito emerge como a chave indispensável para desvendar os aspectos mais desconcertantes da incontinência adicta. Pois é a categoria de hábito que pode explicar como é possível para um agente determinar racionalmente que um comportamento deve ser rejeitado e, ainda assim, envolver-se voluntariamente nesse comportamento.

Em contraste com os casos de incontinência impetuosa em que um agente é impedido de chegar à conclusão apropriada sobre sua ação, Aristóteles diz que às vezes um agente incontinente realmente chega à conclusão do silogismo prático que deveria levar à ação continente, mas viola essa conclusão. Por exemplo, Aristóteles afirma que "o homem incontinente age com apetite, não com escolha; enquanto o homem continente, pelo contrário, age com escolha, mas não com apetite" (1111b12-15). Em vários lugares da *Ética a Nicômaco*, Aristóteles faz a mesma afirmação: o agente incontinente é às vezes aquele que age de maneira contrária à sua escolha ou a seu juízo racional.

Essa é uma afirmação estranha aos nossos ouvidos. Como um agente poderia agir contra sua própria escolha? A escolha de um agente não é sempre evidenciada pelo que ele de fato faz? Não é assim para Aristóteles. Mas como, então, Aristóteles acredita que um agente poderia agir de maneira contrária ao juízo emitido pelo raciocínio prático correto? Aristóteles pensa que isso é possível devido ao papel do hábito na ação humana: "O fato de os homens usarem a linguagem que flui do conhecimento não prova nada; pois [...] aqueles que apenas começaram a aprender uma ciência podem falar como se possuíssem o conhecimento, mas ainda não o compreendem; pois é necessário que o conhecimento se torne parte deles, e isso leva tempo" (1147a19-23).

Aqui Aristóteles conecta a ação incontinente com o hábito, que ele define em outro lugar como uma espécie de segunda natureza (1152a31). A passagem esclarece como um agente pode de fato possuir o juízo racional que resulta de um silogismo prático e, ainda assim, agir de maneira contrária a esse julgamento. O agente pode "ter" a conclusão em certo sentido, mas deixar de agir de acordo com ela porque ela não "se tornou uma parte" dele; não se tornou uma "segunda natureza" para ele. O que parece faltar nesse tipo de caso é a incorporação do conhecimento à ação. Na medida em que o hábito é um tipo de conhecimento corporificado (uma definição que parece adequada, dada a descrição de

Aristóteles do hábito como "segunda natureza"), então, em certos casos, o que interfere na capacidade do agente incontinente de agir de acordo com sua escolha é um hábito errado ou pelo menos a falta de um hábito correto. Como explica Risto Saarinen, algumas pessoas incontinentes "são como jovens inexperientes que ainda não podem tirar proveito dos seus conhecimentos, porque lhes faltam os hábitos apropriados. Não é a falta de conhecimento, mas sim a falta de integração apropriada desse conhecimento que faz com que a escolha correta não seja seguida".[13]

A integração apropriada do conhecimento à ação exige prática. Como está implícito no exemplo de Aristóteles do estudante iniciante, podemos ouvir e até mesmo admitir que certas ações são boas e nobres sem ainda possuir a convicção de que elas têm esse valor intrínseco. Para compreender adequadamente o valor intrínseco dessas ações, é necessário mais do que o mero "conhecimento intelectual", assentimento a uma proposição. O conhecimento também deve ser traduzido em "conhecimento do coração". O estudante da ação correta deve vir a abraçar de maneira afetiva as ações que passou a acreditar serem corretas, e isso requer tempo e prática, o que significa que requer habituação.

O avanço dessa resposta aristotélica ao problema da incontinência em relação à oferecida por Sócrates vem do entendimento de Aristóteles de que o conhecimento muitas vezes é um hábito. Para Sócrates, o poder do conhecimento reside em seu conteúdo,

---

[13] SAARINEN, Risto. *Weakness of the will in Medieval thought: from Augustine to Buridan* (New York: E. J. Brill, 1994), p. 15.

enquanto, para Aristóteles, o poder do conhecimento reside na maneira como este é possuído pelo conhecedor. Enquanto Sócrates pensa que deveria ser suficiente para a ação continente que um agente meramente possuísse conhecimento, Aristóteles entende que o conhecimento, para ser eficaz, deve informar quem somos, incluindo nossos desejos. Sócrates diz: "Devemos compreender que cada um de nós é governado por dois princípios que seguimos aonde quer que eles nos levem: um é nosso desejo inato por prazeres, o outro é nosso juízo adquirido que busca o que é melhor. Às vezes, esses dois estão de acordo; mas há momentos em que eles lutam dentro de nós, e, assim, às vezes um deles assume o controle, às vezes o outro".[14] Mas, para Aristóteles, há um terceiro princípio — o hábito —, que faz a mediação entre esses dois princípios, incorporando-os um ao outro. Enquanto para Sócrates nunca podemos ter certeza de qual princípio conquistará o controle — "às vezes um deles assume o controle, às vezes o outro" —, Aristóteles acredita que moldamos nossas vidas apenas à medida que nossos desejos são informados por nosso conhecimento, e nosso conhecimento é informado por nossos desejos. Conhecimento incorporado, portanto, em vez de "conhecimento simples" ou "conhecimento abstrato", é necessário para uma ação virtuosa e continente, e a ação incontinente se

---

[14] PLATÃO, *Phaedrus*, trad. Alexander Nehamas e Paul Woodruff, em *Plato: complete works* (Indianapolis: Hackett, 1997), 237d-238a. [Edição em português: *Fedro*. Edição bilíngue, tradução e apresentação de José Cavalcante de Souza, posfácio e notas de José Trindade Santos (São Paulo: Editora 34, 2016)].

deve frequentemente a uma falta de conhecimento incorporado — isto é, a uma falha de hábito.

Enquanto a paixão veemente ou resiliente é a fonte da incontinência impetuosa, o hábito ou a falta dele é a fonte do que Aristóteles chama de "incontinência fraca" e o que os comentaristas rotularam de maneira mais útil de "incontinência visível", uma vez que o agente age ao contrário do que ele pode "ver" como verdade. As formas mais intrigantes de comportamentos adictos podem ser entendidas como casos de incontinência visível. Veja a seguinte lembrança de uma jovem alcoólatra:

> Peguei metade de uma garrafa de uísque um dia após o trabalho e bebi mais de um terço dela em menos de quatro horas naquela mesma noite. Eu estava muito mal no dia seguinte, mas consegui chegar ao trabalho. Quando cheguei à casa depois do trabalho, sentei-me no sofá dos meus pais, e eu sabia, *eu sabia* que começaria a beber aquela garrafa de uísque novamente, embora eu ainda estivesse muito mal da noite anterior. Eu também sabia que não queria beber. Sentada naquele sofá, percebi que o velho "eu poderia parar se quisesse, só não quero" não se aplicava aqui, porque eu não queria beber. Eu me vi levantar do sofá e comecei a me servir uma bebida. Quando me sentei no sofá, comecei a chorar. Minha negação foi quebrada; acredito que cheguei ao fundo do poço naquela noite, mas eu não sabia naquela época; eu apenas pensei que estava louca. Continuei a beber e terminei o restante da garrafa (AA 324).

Esse é um caso extremo de incontinência. De fato, a maneira como a adicta descreve sua experiência comunica uma sensação avassaladora de compulsão, e só podemos saber que ela não foi totalmente compelida porque acabou parando de beber em um programa de recuperação não medicamentoso. O que está sendo descrito é uma experiência de incontinência visível. Ela se vê servindo outra bebida. Ela sabe que não deve beber, mas também sabe que beberá. Essa é uma representação poderosa do "eu dividido", um fenômeno central da experiência adicta. E, no entanto, isso está precisamente de acordo com o caráter da incontinência fraca ou visível. O agente tem o conhecimento definitivo de que ele não deve beber, mas mesmo assim bebe. Não estamos lidando aqui com um caso de um anseio que interrompe o processo deliberativo. Na verdade, a paixão forte não entra em cena aqui de maneira óbvia. Ela bebe contra seu próprio bom senso e até mesmo contra o que parece ser seu desejo predominante. Ela sabe que não deve beber; ela não quer beber; ainda assim ela bebe. Como isso é possível? A perplexidade desse tipo de caso excede em muito a de qualquer forma de incontinência impetuosa.

Se, como sugeri, existe um poder além da paixão que pode dar-nos uma visão sobre a natureza de alguns tipos de incontinência especialmente intrigantes, então relatos como esse exigem que tal poder seja investigado. Se quisermos penetrar nos componentes mais desconcertantes da experiência adicta, precisaremos examinar a natureza do hábito. A incontinência em todas as suas variedades não pode ser compreendida apenas com base nas características da ignorância ou da paixão. A relação entre hábito e incontinência pode ser a fonte de muitos dos aspectos mais intrigantes da experiência adicta.

Resumindo: usei a filosofia de ação humana de Aristóteles como ferramenta para estreitar nossa discussão e focar o que há de mais intrigante acerca do comportamento adicto. O comportamento adicto, em alguns casos, está além do escopo da ação humana (adicção mórbida) e, em outros, do simples vício (adicção indulgente). No entanto, na medida em que a maioria dos comportamentos adictos é reconhecida pela pessoa adicta como destrutiva, e na medida em que a maioria dos casos de comportamento adicto é remediável por meio de modelos de recuperação não médicos, a maioria dos comportamentos adictos se enquadra na categoria de ação incontinente. Aristóteles fornece dois tipos de explicação para a ação incontinente em geral. O primeiro explica a ação incontinente como resultado de precipitação, apetites fortes ou estados corporais anormais. Essa análise é capaz de explicar exemplos de comportamento adicto que ocorrem dentro do episódio de consumo da substância, bem como exemplos de comportamento adicto que podem ser atribuídos ao anseio físico ou psicológico. No entanto, essa explicação não contempla os casos de comportamento adicto que são mais intrigantes, a saber, a ação adicta realizada por um agente sóbrio e competente que não está experimentando nem anseio físico nem anseio psicológico. Esse comportamento se manifesta ao longo de todo o processo adicto, mas é mais pronunciado em casos de recaída. A fim de compreender melhor essa característica mais intrigante da experiência adicta, devemos voltar-nos para um exame mais completo da alegação de que tais casos de incontinência visível devem ser analisados em termos do poder do hábito na ação humana.

ADICÇÃO E HÁBITO
Recursos em Tomás de Aquino

A CATEGORIA DE HÁBITO FORNECE FERRAMENTAS PARA ANALISAR A AÇÃO HUMANA em termos além dos padrões binários que caracterizam a maioria das teorias contemporâneas sobre a adicção. Na verdade, muitas das características mais misteriosas do comportamento adicto tornam-se menos desconcertantes se pensarmos na adicção como um exercício do hábito. Por exemplo, interpretar a adicção à luz da categoria de hábito pode esclarecer por que as pessoas continuam a agir de forma adicta mesmo quando estão racionalmente convencidas de que não deveriam; por que pessoas adictas falam em ser compelidas a agir de forma adicta, mas são capazes de se recuperar sem intervenção médica; e por que pessoas adictas que estão em recuperação há meses ou mesmo anos podem ter uma recaída repentina. Para fornecer tais análises, devemos examinar mais extensivamente a relevância do hábito na consideração da ação humana. Para tanto, volto-me para o pensamento de Tomás de Aquino, cuja filosofia da ação reflete e ainda aprofunda significativamente a de Aristóteles.

De acordo com Tomás de Aquino, a vontade humana é um poder que deve ser flexionado no processo de ação deliberativa e por meio deste. Não é uma faculdade metafísica incomensurável, nem um terceiro termo separável da razão e do apetite. A vontade, para Tomás de Aquino, é apetite racional, razão apetitiva. O raciocínio prático — isto é, raciocínio sobre como devemos agir — é como o raciocínio teórico na medida em que exige esforço, concentração e disciplina. Assim como não podemos fazer cálculos indefinidamente sem nos esgotarmos, também não podemos deliberar indefinidamente sobre dilemas práticos sem nos esgotarmos. A ação deliberativa é inerentemente frágil e instável, porque requer que um agente com poderes finitos se envolva em uma atividade que tende a esgotar esses poderes.

Apesar do privilégio que tanto Aristóteles quanto Tomás de Aquino concedem à pessoa humana em virtude de sua natureza racional única, nenhum dos dois supõe que uma vida moral bem-sucedida seja uma vida de constante envolvimento deliberativo. Uma vida que está perpetuamente envolvida em lidar com crises morais de ação será inevitavelmente um fracasso. O problema com essas crises, para Tomás de Aquino, não é que sejam insolúveis, mas sim que sobrecarregam o agente moral. O objetivo do treinamento moral é a formação de hábitos morais, porque o hábito significa a possibilidade de agir bem sem o esforço que é exigido do raciocínio prático deliberativo.

Tomás de Aquino não considera as crises da vontade como falhas. Elas são inevitáveis, pois os hábitos às vezes entram em conflito, mesmo naqueles que possuem hábitos corretos. A "escolha" deliberativa é o que deve ocorrer quando os hábitos colidem. Mas, uma vez que um agente é incapaz de sustentar indefinidamente o tipo de vigilância necessária para o raciocínio prático correto, tais crises, embora proporcionem oportunidade para ação criativa, terminarão em fracasso, a menos que sejam rapidamente integradas aos padrões de pensamento e comportamento habituais. Assim, para Tomás de Aquino, pensar bem sobre a ação humana requer que investiguemos que tipo de coisas são os hábitos, se existem diferentes tipos de hábitos e como os hábitos são causados.

Tomás de Aquino sobre o hábito

Tomás de Aquino afirma que os hábitos não são necessários para os humanos agirem, mas são necessários para os humanos agirem bem. Essa afirmação aparece na questão 49, artigo 4, da *Prima Secundae*: "É necessário haver hábitos?". O artigo é central para tudo o que Tomás irá dizer sobre o papel do hábito na ação humana. Nesse artigo, ele faz a ambiciosa afirmação de que o hábito (*habitus*)[1] deve ser incluso como um componente irredutível de qualquer ontologia que seja adequada ao escopo

---

[1] Como traduzir *habitus* é uma discussão perene entre especialistas em Tomás de Aquino. Na introdução do *St. Thomas Aquinas: Summa Theologiae*, vol. 22, *Dispositions for Human Acts*, trad. Anthony Kenny (London: Blackfriars, 1964), Anthony Kenny argumenta que o termo deveria ser traduzido como "disposição" em vez de "hábito". Por razões que se tornarão claras, essa me parece ser uma tradução dispensável e enganadora. Portanto, apesar de toda possível confusão resultante do uso contemporâneo da palavra *hábito*, continuarei utilizando "hábito" para me referir ao *habitus* de Tomás de Aquino.

da ação humana. Sua afirmação da irredutibilidade da categoria de hábito é ambiciosa porque, à primeira vista, parece que poderíamos explicar cada ação humana referindo-a apenas ao poder da vontade humana. Tomando qualquer ação humana, parece que somos capazes de explicar essa ação apenas nos referindo ao poder da vontade humana. O hábito, portanto, torna-se supérfluo como princípio de explicação e, se assim for, não pode ser considerado um componente necessário de uma ontologia da ação humana.[2]

Tomás de Aquino responde a essa objeção com duas afirmações, mas, antes de fazê-lo, declara a natureza de um hábito e que tipo de entes podem possuí-lo. Tomás de Aquino argumenta que, uma vez que os hábitos envolvem disposições para agir de uma maneira dentre uma variedade de maneiras potenciais, as únicas entidades que têm hábitos são agentes racionais cujas naturezas não determinam seus comportamentos. Portanto, não há "espaço para o hábito" em Deus, porque a ação de Deus é idêntica ao ser de Deus. E não há espaço para o hábito nas coisas não racionais (incluindo animais não racionais), porque as coisas não racionais são sempre determinadas pela natureza (no caso dos

---

[2] Essa parece ser a suposição guiando a filosofia da ação contemporânea. Encontrei apenas um único artigo sobre o tema do hábito no que seria considerado a "teoria da ação" contemporânea. DUGGAN, Timothy. "Habit" em *Time and cause: essays presented to Richard Taylor*, ed. Peter van Inwagen (London: D. Riedel, 1980). Como um exercício em filosofia analítica, no entanto, esse artigo é limitado ao modo como as pessoas usam a palavra *hábito* hoje e é, portanto, um exemplo da concepção reduzida de hábito que Aristóteles e Tomás de Aquino nos ajudam a superar.

animais, pelo "instinto") para responder de certa maneira a qualquer situação. Se pudéssemos saber tudo sobre as necessidades de um animal e as circunstâncias em que ele se encontra, poderíamos saber como o animal responderia. O animal, portanto, nunca está de fato aberto a mais de um curso de ação. Assim, os hábitos pertencem apenas aos animais racionais, ou seja, aos seres humanos,[3] cuja existência não é idêntica à sua atividade e os quais podem ser capazes de vários cursos alternativos de ação.

O hábito, somos informados, *poderia* fazer sentido como uma explicação de por que determinado agente humano age de uma forma ou de outra, uma vez que não podemos explicar a ação simplesmente com referência à essência do agente (como no caso de Deus) ou à determinada conexão causal entre as necessidades do agente e seu ambiente (como acontece com os animais). Mas, novamente, a força de vontade poderia muito bem ser igualmente oferecida como uma explicação, uma vez que a ambiciosa tese de Tomás de Aquino de que o hábito é *necessário* para uma consideração completa da ação humana ainda não foi justificada. Tomás de Aquino fornece dois argumentos para defender sua tese.

Primeiro, devemos postular a categoria de hábito para explicar como é possível que os seres humanos *tendam* a uma ação específica dentre uma variedade de ações potenciais. A postulação da vontade humana explica por que é *possível*, em determinada situação, que um agente aja de várias maneiras. Mas não pode

---

[3] Tomás de Aquino acredita que existe espaço para hábitos em anjos também (1-2.50.6).

explicar o que também é verdade: que às vezes é *provável* que um agente aja de uma maneira, e não de outra.

Em segundo lugar, e de forma relacionada, o que continua necessitando de explicação não é meramente cada evento individual considerado separadamente na história da ação de um agente, mas também a capacidade de um agente de agir consistentemente por um período prolongado de tempo. Isso requer explicação porque a vontade humana não é (como Descartes supôs) um poder abstrato e inesgotável, mas sim um poder corporificado. A vontade humana é executada por meio das condições materiais da personalidade humana. Como Tomás de Aquino observa, embora a vontade seja uma função da alma, as operações da vontade procedem "da alma por meio do corpo" (1-2.50.1). Não podemos, portanto, fingir que a vontade não é restringida pelo corpo. É por isso que ele diz que os hábitos da vontade, conquanto primariamente hábitos da alma, são secundariamente hábitos do corpo (1-2.50.1). Como o intelecto e o apetite sensitivo, a razão prática — o "apetite racional" — está sujeita à alteração, corrupção e exaustão. A escolha deliberativa é realizada não por transcender os desejos naturalmente condicionados por nossa existência material, mas por meio do exercício do intelecto, ordenando esses desejos. A vontade tem uma estrutura suscetível a ser treinada, mas também, portanto, suscetível de ser quebrada. Dado esse fato, o exercício consistente da vontade em qualquer direção precisa de explicação. Um princípio de explicação além do mero poder da vontade humana é necessário para explicar como a vontade persevera em cursos de ação que esgotariam a vontade caso ela operasse puramente por deliberação. Na ausência do hábito, a vontade está sujeita à violência de impulsos concorrentes e não pode suportar consistentemente essa violência interna.

O hábito fornece o princípio de explicação necessário e explica como a vontade pode agir consistentemente e com sucesso sem ser desgastada pelo peso do desejo ou atrapalhada por desejos descoordenados, porque os hábitos qualificam e coordenam os desejos. Muitos hábitos e, em particular, muitas das virtudes não podem ser compreendidos à parte das paixões às quais dão forma e coordenação. Para Tomás de Aquino, os hábitos são fundamentalmente estratégias de desejo.[4] Argumentarei nos próximos capítulos que essa compreensão é central para descrever corretamente o poder da adicção, uma vez que as adicções estão entre as estratégias mais poderosas que os seres humanos têm para coordenar e direcionar seus desejos mais fundamentais.

Especificamente, os hábitos retificam estrategicamente o problema da vontade humana limitada de duas maneiras. Em primeiro lugar, hábitos são difíceis de mudar: "Chamamos de hábitos as qualidades que, por natureza, não são facilmente mutáveis" (1-2.49.2). O fato de os hábitos não serem facilmente mutáveis é um correlato necessário à sua função, que é fornecer estabilidade e consistência à ação humana. E esta, quando exercida

---

[4] Devo essa forma de colocar a questão a WADELL, Paul J. *The primacy of love: an introduction to the ethics of Thomas Aquinas* (New York: Paulist Press, 1992).

por meio do processo de raciocínio prático, é inerentemente tênue, precisamente porque aquilo de que o processo é totalmente dependente, ou seja, paixões e julgamentos, pode ser facilmente perdido, ignorado ou superado. A ação incontinente, como vimos, é possível exatamente por esse motivo. Portanto, se os hábitos devem fornecer um tipo de constância não disponível por meio do raciocínio prático desenraizado, eles devem ser o tipo de coisa difícil de mudar ou perder. Se nossos hábitos podem ser mudados tão facilmente quanto nossa mente ou nossos sentimentos, eles não oferecem alternativa ao caráter instável do raciocínio deliberativo. Quanto mais arraigado o hábito, mais perfeitamente ele executa sua tarefa. Assim, hábitos são qualidades que (a) tornam um agente consistente em suas ações; (b) tornam um agente bem-sucedido em sua ação; e (c) fazem com que "a coisa possa ser feita com facilidade" (1-2.49.2). Essas características do hábito estão intimamente interligadas. É a permanência estável do hábito que torna a ação habitual consistente, e essa consistência é possível porque a ação não sobrecarrega a vontade do agente da mesma forma que a ação deliberativa. Assim, a facilidade com que o agente atua habitualmente é, além de fonte de prazer (1-2.53.1), aquela que garante a consistência da ação habitual.

Em segundo lugar, os hábitos corrigem o problema da vontade humana limitada por sua propensão a agir "na hora". Tomás de Aquino diz que, uma vez que o prazer pode ser antecipado por meio da faculdade da memória, uma pessoa pode tornar-se disposta de modo que reaja habitualmente à menor provocação dessa memória (1-2.33.2). Quando exposto ao objeto apropriado, um agente habituado é capaz de agir imediatamente, sem esforço e, muitas vezes, sem nenhuma consciência explícita do que está sendo feito. No entanto, embora os hábitos não exijam um ato de vontade deliberativa para serem provocados, estão abertos a ser interrompidos por um ato específico da vontade. A esse respeito, eles são muito distintos dos instintos.

Agora podemos fornecer uma definição robusta de "hábito". Um hábito é uma modificação adquirida relativamente permanente que permite à pessoa, quando provocada pelo estímulo relevante, agir de forma consistente, com sucesso e facilidade em relação a algum objetivo.[5]

Hábito como categoria mediadora

O debate que está sendo travado no campo dos estudos sobre adicção é expresso na linguagem da doença *versus* escolha. Agora que definimos a noção de hábito, podemos começar a explorar como a categoria de hábito abre espaço para uma descrição do comportamento adicto que evita as dicotomias em voga no debate atual. O hábito é uma categoria mediadora, mas articular cuidadosamente a natureza dessa mediação é um passo importante porque, se não pudermos enxergar como o hábito ocupa um espaço genuinamente único dentro de uma ontologia da ação humana, é provável que colapsemos até mesmo a linguagem do

---

[5] Ao longo do desenvolvimento dessa definição, apoiei-me em Klubertanz, George. *Habits and virtues: a philosophical analysis* (New York: Appleton-Century-Crofts, 1965); Brennan, Robert. *Thomistic psychology: a philosophic analysis of the nature of man* (New York: Macmillan, 1941).

hábito e voltemos aos extremos polarizadores dos quais estamos tentando escapar. Isso foi, de fato, o que aconteceu com a linguagem do hábito no debate contemporâneo dos estudos sobre adicção. Como a categoria de hábito é mal compreendida, ela foi despreocupadamente descartada como uma forma inútil ou mesmo perniciosa de caracterizar o comportamento adicto.

O hábito, devidamente compreendido, faz a mediação entre vários extremos diferentes que limitam nossa concepção da ação humana. Primeiro, faz a mediação entre o instinto e a disposição. Em segundo lugar, faz a mediação entre o determinismo e o voluntarismo. Terceiro, faz a mediação entre o involuntário e o voluntário.

Primeiro, um hábito não é um instinto nem uma disposição,[6] mas intermedeia os dois. É como um instinto, pois pode tornar a ação fácil e aparentemente sem esforço. Às vezes, um hábito pode possibilitar a um agente agir sem pensamento consciente, e é por isso que os hábitos são facilmente confundidos com os instintos. Assim, por exemplo, Brian Davies se confunde quando escreve que Tomás de Aquino "está preocupado com a aquisição do caráter que permite às pessoas agir instintivamente".[7] Tomás

---

[6] Para Tomás de Aquino, o *habitus* pertence ao gênero da *dispositio*, mas pode ser distinguido da *dispositio* no nível específico (1-2.49.2). Nesse ponto, Tomás segue Aristóteles: "Hábitos são ao mesmo tempo disposições, mas disposições não são necessariamente hábitos" (*Categories* 9a10-11, trad. E. M. Edghill, em *The basic works of Aristotle*, ed. Richard McKeon [New York: Random House, 1941]).

[7] DAVIES, Brian. *Introduction to* De Malo *by Thomas Aquinas*, trad. Richard Regan (Oxford: Oxford University Press, 2003), p. 31.

de Aquino jamais consideraria isso uma conquista, uma vez que o instinto indica uma tendência para a ação que não é responsiva de forma alguma à razão. O erro de Davies vem de uma inclinação, presente na psicologia do início do século 20, de tornar os hábitos motores o paradigma para todos os hábitos. Se pensarmos em todos os hábitos tomando como padrão os hábitos motores, vemos quão facilmente eles podem ser confundidos com o instinto, uma vez que os hábitos motores são mais eficazes à medida que não focamos mentalmente como fazer as atividades que eles tornam possíveis. Como William James pontuou, você será muito mais eficiente em amarrar os sapatos se não pensar em como fazê-lo.

Entretanto, Tomás de Aquino insistiria que mesmo os hábitos motores, que têm notáveis características semelhantes às dos instintos, são diferentes destes, porque podem ser bloqueados e transformados, geralmente com o passar do tempo e com grande esforço pela aplicação da razão. Os instintos não são assim. O instinto só pode ser transformado por condicionamento operante, como é o caso dos animais: "nos irracionais, as potências sensitivas não agem pelo império da razão, mas pelo instinto natural, desde que entregues a si mesmos. Assim, nos animais irracionais não há hábitos ordenados às ações" (1-2.50.3). Um instinto não implica o poder de se abster da ação instintiva, ao passo que um hábito implica esse poder. Os animais "não têm o poder de usar ou não usar, o que parece pertencer à razão do hábito. Logo, falando com propriedade, neles não podem existir hábitos" (1-2.50.3). Devemos, portanto, ter o cuidado de manter uma distinção entre instinto e hábito, para que, ao ocultar a distinção, não obscureçamos uma das características mais importantes do hábito: sua capacidade de responder à razão e, portanto, sua conexão com aquilo que é voluntário.

Mas devemos notar também as semelhanças entre hábito e instinto, e isso nos permitirá ver como Davies e outros confundem os dois. Pois, quando dizemos que o hábito, ao contrário do instinto, é responsivo à razão, isso não deve ser interpretado como se implicasse que as ações habituais podem ser interrompidas e os hábitos, dissipados (ou, por outro lado, ações habituais incitadas e hábitos adquiridos) simplesmente pela realização de um ato de vontade. Pelo contrário, os hábitos, como os instintos, ganham vida própria e muitas vezes provocam ações imediatas, "na hora", que são bastante resistentes a qualquer intenção momentânea que um agente possa ter. É por isso que Aristóteles diz que "o hábito é difícil de ser mudado porque é como uma natureza" (1152a30-31), e por que Tomás de Aquino, seguindo Aristóteles, nos diz que "um hábito é como uma segunda natureza" (1-2.53.1).[8] De fato, é precisamente a semelhança da ação adicta com as verdadeiras compulsões do instinto que levou (dada a perda contemporânea de uma filosofia robusta do hábito) à assimilação da adicção à categoria puramente involuntária de doença. Apesar de suas semelhanças, no entanto, Tomás de Aquino insiste que os

---

[8] Em seu *Commentary on Aristotle's Nicomachean Ethics*, trad. C. I. Litzinger, O.P. (Notre Dame: Dumb Ox Books, 1993), #1370, Tomás sugere que um hábito, para Aristóteles, gera uma "quase-natureza".

hábitos são diferentes dos instintos, porque aqueles respondem à razão. Mas, quando ele diz que os hábitos, ao contrário do instinto, respondem à razão, não está pensando principalmente em termos do poder da deliberação racional de superar as ações habituais "no momento", embora isso às vezes seja possível. Em vez disso, Tomás de Aquino está interessado na maneira como a razão pode desenvolver estratégias, manipular circunstâncias e informar modos alternativos de caráter. Desse modo, a razão pode transformar gradual e indiretamente os hábitos, bem como as ações correspondentes que eles provocam.

Por outro lado, existe o perigo de confundir o hábito com a disposição. Um hábito é como uma disposição, pois pode ser mudado, mas um hábito é diferente de uma disposição porque não pode ser mudado sem grande esforço. As disposições são diferentes dos hábitos "em se poder perder com facilidade ou com dificuldade", respectivamente: "o nome *hábito* implica certa durabilidade; mas a *disposição* não" (1-2.49.2). Assim, por exemplo, Tomás de Aquino pensaria que ser generoso e falar francês são hábitos, enquanto roer as unhas ou dizer "Cara!" repetitivamente são provavelmente disposições. A distinção entre comportamentos habituais e dispositivos reside na dificuldade encontrada quando uma pessoa tenta abandonar o comportamento. Se o comportamento está profundamente arraigado e requer muito esforço, criatividade e engenhosidade para ser abandonado, então conta como hábito para Tomás de Aquino. Se o comportamento não está (ainda) profundamente arraigado e pode ser erradicado simplesmente ao reconhecer que é problemático, provavelmente não é um hábito, mas mera disposição. Frequentemente, uma tendência está mais ou menos arraigada dependendo do grau em que a tendência envolve as emoções de um agente. Assim, cutucar o nariz frequentemente é, na maioria das vezes, uma tendência dispositiva, ao passo que fumar é, na maioria das vezes, uma tendência habitual.

A distinção entre hábito e disposição é prejudicada por certa imprecisão. Por quais padrões devemos decidir se uma tendência específica para agir tem ou não "durabilidade" suficiente para ser considerada um hábito? Nenhum conjunto de padrões pode remover de forma decisiva essa ambiguidade; sempre haverá casos limítrofes. Mas isso não nos deve levar a desconsiderar a importância da distinção. A distinção entre hábito e disposição não é, para Tomás de Aquino, meramente arbitrária: "Essas diferenças, embora pareça que se relacionam por acidente com a qualidade, no entanto designam diferenças próprias e por si [essenciais] das qualidades" (1-2.49.2).

A atenção cuidadosa a como o hábito intermedeia entre o instinto e a disposição nos permite evitar os perigos gêmeos que espreitam a linguagem do hábito na discussão contemporânea sobre adicção. Uma dessas tendências é combinar hábito e instinto, descartando, assim, a alegação de que a adicção é um hábito. Esse tipo de erro é evidente na seguinte passagem de Francis Seeburger:

> Em última análise, não há nada "habitual" em injetar em si mesmo narcóticos duas vezes por dia durante um

período prolongado. Algo que se tornou habitual é algo que aprendemos a fazer sem pensar nisso. Esse é o papel do hábito: permitir-nos fazer coisas sem que tenhamos de nos preocupar com pensar em fazê-las, ou pensar sobre o que estamos fazendo enquanto as fazemos. Assim, por exemplo, depois de lutarmos por muito tempo com eles, os movimentos e ajustes corporais envolvidos em andar de bicicleta ou nadar tornam-se habituais para nós, de modo que, quando subimos em uma bicicleta ou pulamos em uma piscina, não temos de pensar sobre o que devemos fazer; nós apenas fazemos. Essa descrição, entretanto, não se aplica ao caso de alguém que injeta heroína em si mesmo duas vezes por dia. Pelo contrário... pessoas adictas, de modo muito consciente, investem significativamente em toda a atividade de consumo de drogas. Elas tendem a ritualizá-la, às vezes dando até mesmo às circunstâncias mais triviais a condição de ritos invioláveis.[9]

---

[9] SEEBURGER, Francis. *Addiction and responsibility: an inquiry into the addictive mind* (New York: Crossroad, 1993), p. 45-46. É importante notar, no entanto, que, apesar dessa rejeição explícita de pensar a adicção em termos de hábito, Seeburger, em parte porque tem o cuidado de evitar as categorias de doença e compulsão, não é capaz de evitar voltar a pensar na adicção em termos de hábito: "A melhor forma de definir o alcoólatra não é como alguém que *bebe* habitualmente, mas como alguém que habitualmente *escolhe* beber" (p. 90). Não tenho certeza se essa é a melhor maneira de definir o alcoólatra, mas Seeburger está certo de que o alcoolismo tem algo que ver com o hábito.

Como fica claro nos exemplos dados por Seeburger, ele assume que os hábitos motores são hábitos paradigmáticos e, portanto, que a falta de pensamento pertencente à ação em questão é uma propriedade necessária do hábito. O hábito foi confundido com o instinto, como uma resposta inconsciente a uma situação particular. Mas, para Tomás de Aquino, essa seria uma restrição estranha ao hábito, até porque Tomás acredita que uma das faculdades das pessoas que podem habituar-se é o intelecto. Ao descrever as tendências rituais do comportamento adicto, Seeburger identificou a função crucial da adicção de criar significados (e, portanto, uma conexão crucial entre a adicção e a racionalidade). Ele, entretanto, não nos deu nenhuma razão para pensar que o comportamento adicto não seja habitual.

Inversamente, o hábito pode ser erroneamente confundido com disposição, descartando assim a perspectiva de que a adicção seja um hábito. Assim, por exemplo, lê-se na literatura do AA que certos tipos de alcoólatras descobriram que não tinham "apenas" o mau hábito de beber álcool, mas que, de fato, eram alcoólatras: "Ao recordarmos nossas próprias histórias de bebida, poderíamos demonstrar que, anos antes de percebermos que estávamos descontrolados, nosso ato de beber já não era *mero hábito*, que era realmente o início de uma progressão fatal" (DD 23, grifo meu). O adjetivo "mero" é revelador aqui. Na continuação da passagem, fica claro que o que está sendo buscado é uma distinção entre aqueles que podem ter "meramente" um problema com a bebida e aqueles que são "totalmente" alcoólatras. Mas o que distingue alguém que possui um problema com bebida de um alcoólatra é precisamente o que distingue, para Tomás de Aquino, uma disposição de um hábito. A pessoa que tem um problema com a bebida tem a tendência de beber, mas, ao reconhecer os efeitos nocivos de seu comportamento, é capaz de parar de beber de maneira mais ou menos direta, sem medidas drásticas. O alcoólatra, por outro lado, pode reconhecer a natureza de seu problema e, ainda assim, ser incapaz de erradicar a tendência de beber simplesmente decidindo fazê-lo. Tanto um quanto o outro têm tendências ao álcool, mas uma tendência se perde facilmente e a outra, não. Isso se assemelha exatamente à distinção que Tomás de Aquino deseja fazer entre uma disposição e um hábito. Ele diria que um alcoólatra tem o hábito, embora isso não seja de forma nenhuma o *mero* hábito (isso seria contraditório para ele) de beber, ao passo que a pessoa que tem problema com bebida apresenta uma disposição para beber. A linguagem do hábito foi erroneamente descartada da reflexão sobre a adicção porque foi incorretamente confundida com o instinto ou a disposição. Mas, na verdade, o hábito ocupa um espaço genuíno entre os dois.

Em segundo lugar, a categoria de hábito intermedeia os extremos do determinismo e do voluntarismo. A ação habitual é como o livre-arbítrio autônomo no sentido de que se conecta em algum nível com a razão. Por outro lado, a ação habitual é como o determinismo no sentido de que as ações realizadas pelo hábito não decorrem diretamente do processo de raciocínio deliberativo que é constitutivo do livre-arbítrio. Já observamos a noção de Tomás de Aquino de um hábito como uma "segunda natureza": "o hábito assemelha-se à natureza, mas é inferior a ela. Por isso, enquanto a natureza de uma coisa é inseparável dela, o hábito é separável com dificuldade" (1-2.53.2). Se algo age de certa maneira "por natureza", essa coisa está determinada a agir dessa maneira. Nos animais, chamamos isso de instinto. Um hábito é uma "segunda natureza" porque, embora não seja, estritamente falando, algo mecânico, ainda assim procede do agente sem esforço e sem exercício da vontade, aparentemente de maneira "natural". Mariana Valverde resume bem a maneira como o hábito faz a mediação entre o determinismo e o livre-arbítrio. Os hábitos são "atos padronizados que não são nem totalmente desejados nem totalmente automáticos", que "habitam a zona híbrida, frequentemente conhecida como segunda natureza, a qual foi sempre negligenciada pela teologia e pela filosofia".[10]

O comentário de Valverde sobre a negligência da categoria de hábito entre teólogos e filósofos é interessante, dados os objetivos deste estudo. Essa negligência nem sempre foi o caso. Como Valverde corretamente observa, "na época de Aristóteles, o hábito de teorizar era a ocupação fundamental dos filósofos éticos profissionais".[11] Ela ignora a tradição medieval, inclusive Tomás de Aquino, mas corretamente aponta a relativa ausência de uma filosofia do hábito durante o período moderno, com as notáveis exceções dos pragmáticos norte-americanos, particularmente

---

[10] VALVERDE, Mariana. *Diseases of the will: alcohol and the dilemmas of freedom* (Cambridge: Cambridge University Press, 1998), p. 36-37.

[11] Ibid., p. 40.

William James, Charles Peirce e John Dewey.[12] A noção de hábito foi reintroduzida nas discussões da psicologia e da filosofia da ação humana do início do século 20 como um corretivo das afirmações exageradas sobre o escopo da liberdade absoluta de volição. James, por exemplo, fala da "força do hábito" precisamente para mostrar que a maior parte da ação humana não é tão "livre" como certas filosofias de um pretenso livre-arbítrio nos levariam a supor. Mas, estranhamente, o papel da linguagem do hábito no discurso contemporâneo sobre a adicção sofreu uma reversão. O hábito já não é introduzido como um corretivo para uma ênfase exagerada na liberdade e na volição, mas, em vez disso, na direção oposta, o hábito é rejeitado pelos proponentes do conceito de doença como uma tentativa velada de contrabandear a noção de escolha de volta para a equação. O que é importante ver em tudo isso é que o hábito está genuinamente no meio do caminho entre a doença determinada *e* a escolha irrestrita, e, portanto, atua como um corretivo importante em ambas as direções. Dizer que "a adicção é um hábito" é dizer algo genuinamente diferente de "a

---

[12] Embora o trabalho de William James sobre o hábito tenha sido imensamente importante para o renascimento do conceito de hábito na psicologia do início do século 20, pouco em seu trabalho sobre o hábito não foi tratado de forma mais completa por Aristóteles e Tomás de Aquino. Além disso, preocupa-me que James se concentre muito nos hábitos motores como o paradigma em termos do qual outros hábitos devem ser explicados. Essa crítica não se aplica a DEWEY, John. *Human nature and conduct*, ed. Jo Ann Boydston (Carbondale: Southern Illinois University Press, 1983). Embora Dewey não seja um interlocutor primário para mim, ele oferece o melhor tratamento moderno da categoria de hábito que conheço.

adicção é uma doença" ou que "a adicção é uma escolha", porque o hábito intermedeia o determinismo e o voluntarismo.

Em terceiro e último lugar, o hábito faz a mediação entre o voluntário e o involuntário. Pois, como já mencionamos, os hábitos qualificam os desejos. Craig Steven Titus coloca a questão de forma sucinta: Tomás de Aquino nos mostra como os hábitos "incutem inteligência nas emoções".[13] Mas, se assim for, então não podemos facilmente fazer a distinção costumeira entre ações como coisas que fazemos acontecer e emoções como coisas que acontecem a nós, entre ações puramente voluntárias e emoções puramente involuntárias. O hábito significa a possibilidade de responsabilidade parcial e de controle sobre nossas emoções. Para Aristóteles e Tomás de Aquino, está ao nosso alcance, por exemplo, desenvolver o hábito da coragem, o que significa que está ao nosso alcance tanto desenvolver a nossa tendência de *agir* de determinada maneira em circunstâncias que exigem coragem quanto desenvolver nossa tendência de nos *sentir* de certa maneira nessas circunstâncias.

---

[13] TITUS, Craig Steven. *Resilience and the virtue of fortitude: Aquinas in dialogue with the psycho-social sciences* (Washington, D.C.: Catholic University of America Press, 2006), p. 116. Uma confirmação neurológica fascinante disso vem da médica Christiane Northrup, que diz: "Não apenas nossos órgãos físicos contêm locais receptores para os neuroquímicos do pensamento e da emoção, nossos órgãos e sistema imunológico podem *eles próprios fabricar esses mesmos produtos químicos*. Isso significa que todo o nosso corpo sente e expressa emoções — todas as partes de nós 'pensamos' e 'sentimos' [...] *A mente está localizada em todo o corpo*", citado em WILSHIRE, Bruce. *Wild hunger: the primal roots of modern addiction* (Lanham: Rowman e Littlefield, 1998), p. 74.

Assim, a categoria de hábito complica nossa visão comum acerca da distinção voluntário/involuntário. Em seu *Comentário à "Ética a Nicômaco" de Aristóteles*, Tomás de Aquino explica como os hábitos apresentam simultaneamente características do voluntário e do involuntário.

> Os maus hábitos não estão sujeitos à vontade depois de formados. Ele diz que, porque uma pessoa se torna injusta voluntariamente, não quer dizer que ela deixe de ser injusta e se torne justa sempre que desejar. Ele prova isso por meio de uma semelhança nas disposições do corpo. Um homem que goza de boa saúde e voluntariamente sucumbe à doença por viver incontinentemente, ou seja, por comer e beber em excesso e não seguir o conselho do médico, tinha no início o poder de não adoecer. Mas, depois de ter praticado o ato, tendo ingerido alimentos desnecessários ou prejudiciais, não está mais em seu poder não ficar doente. Assim, quem atira uma pedra é capaz de não a atirar; no entanto, uma vez que ele lançou a pedra, não tem o poder de retomar o lançamento. Não obstante, dizemos que está ao alcance de um homem lançar ou atirar uma pedra porque tal ação estava no princípio sob seu controle. O mesmo ocorre com os hábitos da adicção; que um homem não se torne injusto ou incontinente decorre de um princípio sob seu controle. Por isso, dizemos que os homens são voluntariamente injustos e incontinentes, embora, depois que se tornem tais, não

esteja mais em seu poder deixarem de ser injustos ou incontinentes imediatamente, mas é necessário grande esforço e prática.[14]

Para expandir a compreensão de Tomás de Aquino: podemos dizer que algo é mais ou menos voluntário em dois sentidos. Por um lado, podemos pensar no sentido último da voluntariedade como aquilo que é mais expressivo do caráter de um agente. Ou, por outro lado, podemos pensar no sentido último da voluntariedade como aquilo que é mais suscetível ao controle imediato de um agente. Em outras palavras, como aquilo que um agente é mais arbitrariamente livre para fazer ou deixar de fazer. Se tomarmos voluntariedade no primeiro sentido, as ações habituais são de fato as mais voluntárias de nossas ações, porque surgem não apenas de algum processo deliberativo fugaz, mas sim da fonte de quem somos, nosso caráter. Se tomarmos a voluntariedade no segundo sentido, as ações habituais são de fato as menos voluntárias de nossas ações, porque, uma vez que fluem de hábitos profundamente enraizados, são menos suscetíveis a deliberações fugazes ou desejos de "fazer o contrário".

Ao mediar o voluntário e o involuntário, o hábito confunde nossas visões de senso comum sobre o reino da ação voluntária. Costumamos presumir que a esfera do voluntário é coextensiva à esfera da vontade autônoma. Em outras palavras, costumamos assumir uma relação proporcional entre responsabilidade e

---

[14] Tomás de Aquino, *Commentary on Aristotle's "Nicomachean Ethics"*, #513.

"capacidade de agir de outra forma": quanto maior a liberdade arbitrária de agir de outra forma, maior será nossa responsabilidade por nossa ação. Mas, para Aristóteles e Tomás de Aquino, existe uma relação inversa entre os dois. Em vez de sugerir que o problema é, em algum sentido, "externo", a perda do controle imediato sobre nossas ações talvez nos diga que o problema é profundamente "interno"; o problema talvez seja, em certo sentido, *quem somos*. Isso não quer dizer que a adicção, em vez de ser uma doença, seja um sintoma de depravação moral especial. Na verdade, argumentarei diretamente *contra* essa visão tão comum. Mas argumentarei também que, em vez de serem coisas que *temos* (como no caso das doenças), as adicções são mais como coisas em que nos *tornamos*.

Tipos e causas do hábito

O objetivo da investigação precedente sobre o caráter mediador do hábito era criar espaço entre dicotomias como instinto/disposição, determinismo/voluntarismo, voluntário/involuntário e doença/escolha —, espaço este que pode tornar-se inteligível como um *locus* do hábito. Mas agora devemos perguntar mais especificamente sobre os tipos de hábito que podem ocupar esse espaço. Os hábitos, como vimos, pertencem peculiarmente aos animais racionais, a saber, pessoas humanas. Mas, para Tomás de Aquino, os hábitos pertencem às pessoas como qualificações das potências (ou faculdades) das pessoas humanas. Portanto, temos de perguntar sobre essas potências separadamente, se e como elas são suscetíveis de se tornar habituais.

Tomás de Aquino realiza essa investigação na questão 50 da *Prima Secundae*, "O sujeito dos hábitos". Ali, ele responde a perguntas sobre se hábitos podem ou não ser desenvolvidos no corpo humano, na alma e, mais particularmente, na parte sensível da alma, na parte intelectual da alma e na vontade. Ele responde sim a todas essas perguntas, embora seja dito que o corpo é o sujeito dos hábitos apenas de maneira análoga e imperfeita. Poderíamos, seguindo Tomás, perguntar sobre a capacidade de habituação de cada poder separado de uma pessoa humana, mas isso nos levaria muito longe do centro de nossa investigação. Portanto, teremos de perguntar sobre um número seleto dessas potências, sobretudo aquelas que demonstrarão ter relação direta com a hipótese de que a adicção é um hábito racionalmente informado.

Em geral, Tomás de Aquino analisa a pessoa humana em termos de três "almas", cada uma das quais consiste em uma variedade de potências: a alma vegetativa, a sensitiva e a intelectual. Estou interessado na capacidade de habituação de várias subpotências da alma sensitiva; entre elas, estão as potências interiores da imaginação, o "sentido avaliador" (*sensus aestimativus*) e a memória. A imaginação é a potência que permite "a retenção e a conservação das formas [sensíveis]" (1.78.4). Parecemos capazes de desenvolver certos hábitos de imaginação. A artista habilidosa desenvolveu uma maneira particular de "ver" o mundo e reter essa visão em sua imaginação. Os artistas não têm uma potência visiva externa modificada — eles podem ser tão astigmáticos ou míopes quanto qualquer outra pessoa —, mas eles desenvolveram sua imaginação de tal forma que "enxergam" um mundo diferente daquele visto pelo não artista. Ou, da mesma forma, alguém que foi criado lendo boa literatura de fantasia pode genuinamente estar munido de habilidades imaginativas mais elaboradas e criativas do que alguém cuja imaginação não foi moldada dessa maneira. É isso que queremos dizer quando falamos de alguém com uma "imaginação pobre"; não é que lhe falte a potência da imaginação; mas esta não foi habituada aos tipos de habilidades que pertencem a alguém com uma "imaginação rica".

O *sensus aestimativus*, o "sentido avaliador", exerce uma função semelhante à da imaginação. Enquanto a imaginação permite a apreensão de coisas sensíveis, o *sensus aestimativus* permite "a apreensão de intenções que não são recebidas pelos sentidos" (1.78.4). Por "intenções", Tomás de Aquino entende as qualidades insensíveis dos objetos, como a bondade ou a maldade de uma coisa, a adequação ou a inadequação. Ele nos ajuda a compreender a função do *sensus aestimativus* mostrando primeiro como o *sensus aestimativus* deve funcionar nos animais. Nada no *senso perceptivo* que um cordeiro tem de um lobo alerta o cordeiro de que o lobo é mau, um inimigo para ser evitado. Essa informação deve vir de outro lugar, e Tomás de Aquino diz que vem do *sensus aestimativus*, pelo qual os animais "percebem essas intenções apenas por algum instinto natural" (1.78.4).

As pessoas humanas também têm instintos. Os bebês, por exemplo, choram instintivamente quando um grande estrondo ocorre diante de seus rostos. Em casos de pânico extremo, os seres humanos podem agir automática e instintivamente por medo. Mas nossos instintos são rudimentares em comparação com os de outros animais. Muitas de nossas avaliações imediatas dos objetos e situações que encontramos são aprendidas, e não instintivas. Nas palavras de Tomás de Aquino, enquanto os animais percebem o bem e o mal nos objetos por meio do instinto, "o ser humano os percebe por uma espécie de coalizão de ideias. Por isso, a potência que se denomina nos animais de estimativa natural é chamada no homem de *cogitativa*, porque descobre essas intenções por uma espécie de comparação" (1.78.4). A potência estimativa cogitativa, portanto, é o local de uma "interpenetração da razão com o sentido";[15] é o *locus* paradigmático do hábito como *conhecimento corporificado*.

A diferença importante entre a potência estimativa cogitativa e as potências que pertencem à alma intelectual — razão deliberativa e vontade — é a rapidez com que a potência estimativa reconhece objetos ou situações como bons ou maus, adequados ou inadequados. A avaliação parece *vir com* a experiência sensorial, embora seja obviamente impossível perceber o bem ou o mal com os sentidos exteriores. Sempre que existe uma ligação imediata e definida entre a percepção de um objeto por um sujeito e o apetite do sujeito pelo objeto, é essa conexão que a potência estimativa explica. Nos animais, a conexão já vem forjada, um instinto natural. Nos seres humanos, entretanto, o vínculo é estabelecido por meio da razão, embora não necessariamente no nível da deliberação racional.

---

[15] Klubertanz, *Habits and virtues*, p. 46.

Considerando que a estimativa cogitativa raramente age na ausência de outras potências, incluindo o juízo racional deliberativo, pode ser difícil isolá-la. Os exemplos mais óbvios são os casos em que, em nosso idioma contemporâneo, podemos dizer que temos apenas uma "intuição" de que algo é ruim, impróprio ou inadequado, ou, por outro lado, bom, apropriado ou adequado. Por exemplo, quando uma pessoa em um jantar carece de tato, *sentimos* isso imediatamente, sem nenhuma necessidade de análise discursiva.[16] De fato, muitas vezes pode ser difícil articular por que consideramos tal pessoa sem tato; nós apenas sabemos quando o *vemos*. Esse tipo de avaliação obviamente não é uma consequência de algum processo discursivo explícito, mas também não é um instinto. Isso é possível em virtude de uma longa história de aprendizagem: aprender boas maneiras com os mais velhos, observar as reações das pessoas em quem confiamos em situações sociais, sentir o desprazer dos outros quando cometemos um erro social, e assim por diante. É por isso que a estimativa é *cogitativa*: é o efeito de uma "coalizão de ideias", uma reserva de sabedoria aprendida que se entrelaçou com os objetos de nossa experiência. Não é o efeito de condicionamento, que ocorre na ausência de qualquer apelo à razão, mas ainda assim opera imediatamente e sem esforço intelectual, como se fosse por condicionamento. Frequentemente, são as reações decorrentes de nossas estimativas cogitativas que são confundidas com "instinto".

---

[16] A ilustração foi tirada de Klubertanz, *Habits and virtues*, p. 34.

A habituação da estimativa cogitativa é o componente mais poderoso da adicção e da experiência adicta. Embora a linguagem de "estimativa cogitativa" não seja familiar para nós, vou empregá-la com frequência no restante do argumento. Em cada caso, poderíamos descrever as coisas de maneira diferente, falando, por exemplo, das maneiras pelas quais a adicção atrai um agente por meio de um apelo ao "conhecimento tácito" de um agente — para usar a descrição de Michael Polanyi — em vez de ao "raciocínio proposicional".[17] A distinção pode ser destacada de várias maneiras, algumas delas mais intuitivas e familiares para nós do que a distinção, na psicologia das faculdades humanas de Tomás de Aquino, entre o intelecto propriamente dito e a estimativa cogitativa. Mas preferi referir-me à estimativa cogitativa para reiterar que, qualquer que seja a denotação adequada da fonte desse conhecimento, essa fonte é profundamente suscetível à habituação. Somos tentados a pensar que a fonte de nosso "conhecimento tácito" é, em certo sentido, primordial ou incondicionada, mas não é assim.

---

[17] Sobre a noção de conhecimento tácito, ver POLANYI, Michael. *The tacit dimension* (Garden City: Doubleday, 1967). Embora Polanyi tenha inovado ao mostrar como o conhecimento tácito não pode ser mantido separado dos conhecimentos mais "objetivos" buscados na ciência moderna, a compreensão de que nossa racionalidade se estende além do proposicional ou discursivo remonta pelo menos a Aristóteles. William James chamou isso de o "sentimento de racionalidade" e ofereceu uma análise clássica em "The sentiment of rationality", em *The writings of William James*, ed. John J. Mc Dermott (Chicago: University of Chicago Press, 1977).

Passemos, finalmente, à potência da memória, que atua em conjunto com a imaginação e a estimativa cogitativa para possibilitar a representação de formas e intenções sensíveis. Não fosse pela potência de memorização, a imaginação e a estimativa cogitativa teriam pouco valor, pois é por meio da potência de memorização que realizações passadas da imaginação e da estimativa cogitativa são exercidas sobre a ação presente. Mas a habituação da memória é essencialmente derivada das habituações da imaginação e da estimativa cogitativa. Como uma pessoa passa a "ver" seu mundo de certa maneira, sua memória registra o mundo de certa maneira e o representa para o agente conforme informado por sua imaginação habituada.

Antes de avançar na investigação, quero resumir mais um ponto geral sobre o hábito, a saber, como é causado e como aumenta e diminui. Tomás de Aquino trata desses assuntos nas questões 51 e 52 da *Prima Secundae*. Na questão 51, lemos que os hábitos são formados por atos. Em casos raros, um ato é suficiente para formar um hábito. Isso é verdade, somos informados, "se o princípio ativo for de grande poder" (1-2.51.3). Parece possível que um copo de bebida ou uma dose de heroína, por exemplo, possa ser um princípio ativo suficientemente poderoso para criar um hábito. No entanto, casos como esse são provavelmente mais raros do que às vezes somos levados a acreditar. *O Grande Livro* do AA afirma que, "embora não haja como provar, acreditamos que, no início de nossos percursos como alcóolatras, a maioria de nós poderia ter parado de beber. Mas a dificuldade é que poucos alcóolatras têm vontade suficiente de parar enquanto ainda é tempo" (AA 32).

A maioria dos hábitos é causada pela repetição de atos próprios do hábito. Por exemplo, o hábito da temperança é produzido quando uma pessoa que ainda não é temperante, no entanto, realiza ações semelhantes às que seriam realizadas por uma pessoa temperante. Não podemos dizer que a pessoa que pretende ser temperante deva realizar as *mesmas* ações que seriam realizadas por uma pessoa temperante; isso é impossível, uma vez que a pessoa que pretende ser temperante ainda não tem os desejos que tornam as ações da pessoa temperante aquilo que são. Não obstante, se atos que são semelhantes em forma externa aos da pessoa temperante "são multiplicados [,] certa qualidade é formada na potência que é passiva e movida, qualidade esta que é chamada de hábito" (1-2.51.2). Se alguém luta para se tornar um jogador de basquete habilidoso, ele deve repetidamente agir como jogadores de basquete habilidosos, mesmo que, por não ser habilidoso, não seja capaz de realizar as ações com o mesmo sucesso, a mesma consistência e a mesma facilidade que um jogador habilidoso realiza. Com o tempo, entretanto, a repetição de tais atos instila hábitos no agente, permitindo-lhe jogar basquete com facilidade e habilidade.

A repetição por si só, entretanto, não é suficiente para produzir hábitos. Além da multiplicação externa de atos semelhantes, uma "intensidade" interna de intenção e foco é necessária. Juntamente com a repetição de atos externos, devemos também corresponder à qualidade interior dos atos, e isso ocorre porque um hábito não inclui apenas a capacidade de realizar ações externas, mas também implica algum tipo de continuidade entre as ações de um agente e suas intenções e seus desejos. Sem atenção à qualidade interna dos atos, podemos, na melhor das hipóteses, tornar-nos condicionados, mas não habituados. A formação e o crescimento dos hábitos dependem dessa "intensidade" de intenção e desejo interior: "Da mesma forma, multiplicando-se os atos, aumenta o hábito — se, porém, a intensidade do ato for proporcionalmente inferior à do hábito, esse ato não prepara o hábito para o aumento, e sim para a diminuição" (1-2.52.3). A habituação, portanto, ocorre por meio do esforço externo e interno: "Quanto às potências apreensivas inferiores, porém, cumpre repetir os mesmos atos muitas vezes, para produzirem uma forte impressão na memória"; mas também: "A meditação fortalece a memória" (1-2.51.3).

A exposição de Tomás de Aquino sobre como os hábitos são adquiridos e perdidos nos dá a compreensão necessária para começarmos a esboçar uma teoria da recaída. A recaída é o aspecto mais característico e mais perturbador da experiência adicta. Como pode ser que, após dias, semanas, meses ou mesmo anos de sobriedade, um ex-adicto possa de repente retornar ao comportamento adicto?

Tomás de Aquino diz que os hábitos são formados sempre que duas condições são cumpridas. Primeiro, o ato externo deve ser repetido. Segundo, deve haver atenção adequada à qualidade interior dos atos. A vida de recuperação requer o desenvolvimento de novos hábitos, mas uma pessoa adicta pode se envolver nos atos externos necessários ao desenvolvimento de tais hábitos, sem também realizar o trabalho "interno" necessário ao desenvolvimento deles. Assim, uma pessoa adicta pode deixar de desenvolver hábitos genuínos de sobriedade, mesmo quando aparenta estar "trabalhando os passos". Como a repetição de atos externos não é suficiente para o aumento de hábitos, os hábitos necessários à vida em recuperação podem faltar ou degenerar enquanto um agente atua como uma pessoa em recuperação. Como afirma Robert Brennan: "Tanto na questão do hábito quanto na questão da perfeição, se não estamos progredindo, estamos regredindo".[18] Daí o ditado do AA: "Se você está desacelerando na recuperação, está decaindo".[19] É por isso que muitos dos "passos" do AA exigem um trabalho interior ou "espiritual".[20] "É fácil abandonar o programa espiritual de ação e descansar sobre os louros. Estaremos fadados a ter problemas se o fizermos, pois o álcool é um inimigo sutil" (AA 85). Deixar de trabalhar obstinadamente os passos "espirituais" é referido como "dar dois passos" e é visto como a principal ameaça para a recuperação última e autêntica. Como a recuperação concebida pelo AA é uma tecnologia de reforma de hábitos, exige atenção vigilante às dimensões externas e internas da ação sóbria. A recaída é possível, em parte, porque a vida de recuperação é uma vida de reabituação em vez de meramente uma vida de repetição de atos de abstinência.

---

[18] Brennan, *Thomistic psychology*, p. 269.
[19] MOYERS, William Cope; KETCHAM, Katherine. *Broken: my story of addiction and redemption* (New York: Viking, 2006), p. 205.
[20] Em *Thirst: God and the alcoholic experience* (Louisville: Westminster John Knox Press, 2004), James Nelson observa que os doze passos alternam entre apelos à aceitação interior e apropriação de certas verdades e apelos à ação externa. "Há um reconhecimento repetido de que a disposição deve preceder nossa decisão real (disposição) de dar os passos que nos abrirão ao dom da sobriedade", p. 201, n. 41.

A ADICÇÃO COMO HÁBITO

A categoria de hábito fornece uma maneira de pensar sobre os mistérios e as contradições que atormentam todo discurso sobre adicção que é formulado ou em termos de doença ou de escolha deliberada. Acontece que a ação humana é em grande parte o domínio do hábito. Não apenas como respondemos, mas também a maneira como vemos as situações que enfrentamos e as alternativas que se abrem para nós está totalmente impregnada de hábito. Embora a linguagem seja um pouco exagerada, começamos a ver como John Dewey podia afirmar: "Os hábitos concretos são os meios do conhecimento e do pensamento [...] Toda percepção, reconhecimento, imaginação, recordação, juízo, concepção e raciocínio que é feito é realizado pelos hábitos concretos. A 'consciência', seja como um fluxo, seja como sensações e imagens especiais, expressa funções dos hábitos, fenômenos de sua formação, operação, sua interrupção e reorganização".[21]

A ação humana costuma ser o ponto de confluência da paixão e do juízo racional. A incontinência impetuosa é possível nesse ponto por causa da astúcia da paixão; a paixão se coloca debaixo do nariz do agente deliberativo, distraindo-o de conectar o juízo universal correto com o juízo particular correto. Mas, mesmo na ausência de paixão veemente ou resiliente, um agente não está seguro da ameaça de incontinência, pois a ação humana também é o ponto de confluência do julgamento racional e do hábito. De fato, antes que a deliberação comece, hábitos da

---

[21] Dewey, *Human nature and conduct*, p. 123-24.

imaginação, hábitos da estimativa cogitativa, hábitos do apetite e hábitos do intelecto já estão operando, constituindo os meios pelos quais o agente discerne sua situação, incluindo as várias ações disponíveis. Frequentemente, a deliberação racional só é necessária quando há algum conflito entre esses hábitos. Em circunstâncias normais, os hábitos do agente permitem-lhe agir bem ou mal com facilidade, sucesso e consistência. No entanto, quando há um conflito entre hábitos, os hábitos não desaparecem. Em vez disso, eles disputam a precedência enquanto o agente luta para lidar com sua situação.

Por ser apresentado por Aristóteles e Tomás de Aquino como o território entre os hábitos do vício e da virtude, é natural imaginar o território da continência e da incontinência como uma espécie de zona livre de hábitos, em que os principais concorrentes são a razão pura e os apetites brutos. No entanto, não é assim. O território da continência e da incontinência é, antes, o território no qual os hábitos se chocam, negociando e ajustando seu próprio aumento e diminuição, seu fazer e desfazer. Uma vez que os hábitos são a corporificação do conhecimento — a reserva de "bolsões de pensamento"[22] que subsidiam a atividade

---

[22] BURNYEAT, M. F. "Aristotle on learning to be good," em *Essays on Aristotle's ethics*, ed. Amelie O. Rorty. (Berkeley: University of California Press, 1980), p. 80, descreve certos hábitos como "bolsões de pensamento que podem permanecer relativamente não afetados por nossa visão geral das coisas". Não acho que esses "bolsões" possam permanecer inalterados se realmente estiverem em conflito com nossa visão geral das coisas, mas certamente podem permanecer inalterados pelo fluxo e refluxo da deliberação prática.

humana —, o território da incontinência é, portanto, o território no qual os saberes se chocam: os saberes abstratos da deliberação confrontam os saberes corporificados do hábito. É por isso que a incontinência é possível mesmo na ausência de paixão veemente ou resiliente.

O fracasso consistente da pessoa adicta, mesmo na ausência de desejo veemente ou resiliente, pode ser explicado pelo papel que os hábitos desempenham na formação e execução da agência moral. A incontinência muitas vezes tem a ver com a astúcia e o poder da paixão, mas a incontinência qualitativamente distinta conhecida por adicção é, conquanto às vezes um efeito da paixão, caracteristicamente o resultado da influência do hábito. Os fenômenos mais desconcertantes da incontinência da experiência adicta podem ser iluminados à medida que compreendemos as maneiras pelas quais os conhecimentos corporificados — certos tipos de hábitos — exercem um poder colossal e de longo alcance sobre a ação humana. Em particular, os hábitos da imaginação e da estimativa cogitativa desempenham um papel decisivo nos casos de incontinência adicta que não podem ser explicados referindo-se à paixão. Pois, uma vez que a ação correta depende, em algum ponto, da integração do conhecimento deliberativo na ação, ela encontra resistência definida sempre que a deliberação chega a conclusões que entram em conflito com conhecimentos já corporificados como hábitos da imaginação ou da estimativa cogitativa.

Assim, nos casos mais intrigantes de comportamento adicto, somos confrontados não com a razão lutando contra o apetite ou a emoção, mas sim com a razão flutuante lutando contra a razão enraizada nos hábitos da imaginação e da estimativa cogitativa. Se a adicção é um hábito, então devemos esperar que os adictos descrevam suas experiências com a linguagem da compulsão e do instinto, mas, mesmo assim, encontrem meios não médicos de melhorar seu comportamento. Se a adicção é um hábito, então não é surpreendente que a experiência adicta seja descrita como qualitativamente distinta de outros "meros maus hábitos" (disposições). Se a adicção é um hábito, então a ocorrência frequente de recaídas depois de dias, semanas ou mesmo anos de abstinência torna-se menos chocante ou surpreendente. E, se a adicção reside em hábitos da imaginação e da estimativa cogitativa, então se torna menos surpreendente que as pessoas adictas continuem a se envolver em comportamentos adictos, mesmo quando estão racionalmente convencidas de que fazer isso irá prejudicá-las. Sendo assim, expor as maneiras como a razão se incorpora em hábitos do pensamento e da imaginação nos permite articular como essas e outras peculiaridades do comportamento adicto são possíveis.

ADICÇÃO E INTEMPERANÇA
Prazeres sensoriais e bens morais

ESTE CAPÍTULO AMPLIA E APROFUNDA A ANÁLISE DA ADICÇÃO COMO HÁBITO, tratando de duas outras questões. Primeiro, que tipo de hábito é adicção? Segundo, para quais fins ou objetivos se dirige o hábito da adicção? As respostas a essas perguntas desafiarão muitas de nossas caricaturas moralistas de pessoas adictas e do comportamento adicto. De acordo com a crença popular, a adicção é uma rejeição ou uma abnegação de uma vida de sério esforço moral, e os adictos são, portanto, indivíduos moralmente duvidosos. Em oposição a essa visão padrão, argumento que a adicção é, na verdade, um empreendimento profundamente moral voltado para a obtenção de determinados bens morais e intelectuais. Essa análise fornecerá uma avaliação mais verdadeira da atração da adicção. Também provocará uma resposta mais compassiva às pessoas adictas. Por fim, tal análise nos colocará em posição de reconhecer as maneiras pelas quais todos nós somos suscetíveis à adicção e envolvidos em modos de vida que atraem adicções e as fomentam em nós mesmos e nos outros.

Hábitos complexos

No capítulo anterior, investigamos isoladamente várias potências dos agentes humanos para descobrir qual delas estaria sujeita à habituação: a imaginação, a memória e o *sensus aestimativus*, ou estimativa cogitativa. A investigação desvendou o que pode ser chamado de "hábitos simples", hábitos que envolvem um hábito e uma potência. Na atividade humana concreta, entretanto, as potências raramente agem isoladamente umas das outras. Certamente, o fato de que as potências humanas normalmente não funcionam separadamente, mas sim em cooperação umas com as outras, cria o principal obstáculo para isolar hábitos simples. A elucidação de hábitos simples, portanto, pode ser apenas preliminar a uma elaboração mais completa das maneiras pelas quais hábitos simples se combinam e se unem para formar grupos de hábitos — "hábitos complexos" que envolvem a cooperação de duas ou mais potências habituadas.

A virtude da temperança nos dá um exemplo da maneira pela qual a ação humana inteligível na maioria das vezes envolve a integração de uma série de hábitos simples em um grupo coordenado de hábitos. A temperança é propriamente uma qualificação do apetite sensorial; tem a ver com possuir os tipos certos de desejos corporais. Mas, embora a temperança resida substancialmente no apetite sensorial, ela requer a cooperação ordenada de várias potências diferentes. Como uma modificação do apetite sensorial, a temperança denomina a realização de um modo consistente e apropriado de tendência para os bens sensíveis. A temperança, portanto, requer habituação das paixões e tem relação não apenas com a *ação* correta com respeito aos bens sensíveis, mas também com o *desejo* correto pelos bens sensíveis; implica uma reação proporcional ou corretamente comedida a tais bens, tanto em termos de desejo quanto de ação. Mas como essa resposta proporcional pode ser alcançada?

A temperança não consiste em comer uma quantidade determinada de comida a cada dia, mas sim em comer uma quantidade adequada de comida, levando em consideração o indivíduo e suas circunstâncias. Como Aristóteles nos lembra, a quantidade moderada de comida para o lutador profissional será excessiva para o iniciante em exercícios atléticos (1106b4-5). Assim, a correta habituação dos apetites dos sentidos requer a cooperação e a habituação de outras faculdades humanas, a saber, a habituação do intelecto que torna possível a determinação formal da quantidade adequada de alimento para o agente. Além disso, uma vez que a medida adequada é determinada pelo intelecto, essa medida não pode ser simplesmente imposta ao apetite sensorial diretamente, exceto por meio de violência contra a agência da pessoa. O intelecto não pode simplesmente exigir dos apetites sensitivos: "isto é o que você deve desejar". O vínculo entre a determinação da medida adequada pelo intelecto e o desejo correto do apetite sensorial por essa medida — o vínculo que consiste na avaliação da medida adequada como boa — deve ser estabelecido por meio da habituação da estimativa cogitativa. A temperança, portanto, requer a coordenação de hábitos do apetite sensorial, do intelecto e da estimativa cogitativa. Na terminologia técnica de Tomás de Aquino, o hábito complexo da temperança reside substancialmente na potência do apetite sensorial e formalmente na potência intelectiva, incluindo a potência da estimativa cogitativa. Poderíamos continuar a trajetória e mostrar como a habituação da imaginação e da memória também deve ser integrada ao grupo de hábitos da temperança.

Tomás de Aquino afirma que os hábitos são necessários porque, "ao dispor o sujeito a uma das coisas para a qual está em potência, várias coisas devem ocorrer, capazes de se ajustar de diversos modos para dispor o sujeito bem ou mal para sua forma ou ação" (1-2.49.4). Tendo observado a complexidade do grupo de hábitos necessário para tornar a ação temperante consistente e bem-sucedida, estamos em posição de avaliar a força dessa observação. A pessoa que deseja agir com temperança, mas carece de qualquer dos numerosos hábitos simples que se coordenam para formar o grupo de hábitos da temperança, é como o aspirante a pintor que desenvolveu suas habilidades na paleta sem se preocupar em aprender as leis básicas de perspectiva que são necessárias para a aquisição da capacidade de "ver" o mundo de tal maneira que este possa ser reproduzido de forma vívida e eficaz. Tal pessoa não é um artista, mas apenas alguém que pode reproduzir o trabalho de outros artistas. Semelhantemente, quem não tem todos os hábitos simples constitutivos da temperança não pode ser temperante, mas apenas, na melhor das hipóteses, continente, uma vez que a temperança é um hábito complexo que requer o alinhamento de numerosas faculdades da pessoa humana.

A maioria dos hábitos mais complexos consiste em pelo menos dois tipos diferentes: hábitos de domínio e hábitos de automatismo.[1] Os hábitos de domínio são aqueles que podem ser exercidos apenas por meio da operação da consciência ou volição racional. Hábitos do intelecto (prudência, ciência teórica, entendimento) e hábitos da vontade (justiça) são os hábitos de domínio mais óbvios. Não é possível envolver-se na prática habitual da prudência sem, ao mesmo tempo, envolver um intelecto habituado. Os hábitos de automatismo, por outro lado, podem ser exercidos na ausência de consciência racional. Hábitos da imaginação (incluindo hábitos motores) e da estimativa cogitativa são os candidatos mais óbvios para a categoria de hábitos de automatismo. Chamar esses hábitos de hábitos de automatismo não significa que eles *requeiram* ausência de consciência ou volição para serem exercidos, mas apenas que tal ausência não inibe a eficácia do hábito.

A distinção entre hábitos de domínio e de automatismo aprofunda nossa apreciação da estranha afirmação de Aristóteles de que o incontinente visível age "de maneira contrária à sua escolha" (1148a10). Uma vez que os hábitos de automatismo podem funcionar independentemente da consciência ou da volição racional, uma pessoa pode agir voluntariamente e, ainda assim, não agir de acordo com sua deliberação racional sobre como ela deve agir. Seguindo Aristóteles, Tomás de Aquino oferece a seguinte metáfora pitoresca da relação entre a razão e os hábitos de automatismo dos poderes sensoriais: "A razão, na qual está a vontade, move por seu império o irascível e o concupiscível, não

---

[1] KLUBERTANZ, George. *Habits and virtues: a philosophical analysis* (New York: Appleton-Century-Crofts, 1965), p. 95.

por um *primado despótico*, como o servo é movido por seu senhor, mas por um *primado real e político*, como os homens livres são regidos por seus governantes, podendo opor-se a eles. Sendo assim, o irascível e o concupiscível podem contrariar a vontade, e, por isso, nada impede que por vezes movam a vontade" (1-2.9.2). Em outras palavras, a vontade não pode simplesmente exigir de imediato que os apetites se ajustem às suas especificações. A vontade pode, e muitas vezes o faz, sobrepujar esses apetites, e pode efetuar a transformação gradual desses apetites por meio de intervenção criativa e intencional, mas a qualquer momento os apetites podem manifestar tendências habituais que não são diretamente traduzidas da vontade.

Essa metáfora da relação entre apetites racionais e sensíveis é notavelmente confirmada pela pesquisa neurológica contemporânea. Por exemplo, William Irvine afirma:

> Nossos cérebros não têm um único centro de controle, uma única parte que deseja, mas vários centros de tomada de decisão que chegam independentemente a decisões sobre o que devemos fazer conosco. Eles são como generais do exército, cada um com sua própria ideia sobre qual deveria ser o plano de batalha. Na maioria dos exércitos, um comandante supremo ouve as ideias de seus generais e decide o que deve ser feito, coordenando, assim, seus comportamentos. Mas, se um general for incapaz de se comunicar com o comandante supremo, ele pode iniciar uma ação de combate por conta própria, uma ação que pode estar

em desacordo com as ações dos outros generais e com o plano de batalha estabelecido pelo comandante supremo.[2]

Com respeito a cada ação realizada isoladamente, o agente está sempre em posição de ignorar os hábitos de automatismo, mas isso violenta a agência e desgasta o poder limitado de uma vontade corporificada. Se o agente cede, o hábito do automatismo não cede. Ele age "livremente" contra as ordens dadas pelo juízo deliberado, assim como uma pessoa livre pode, em alguns casos, agir em oposição às demandas de seu governo político. A vontade e o intelecto exercem controle duradouro sobre nossos apetites sensoriais apenas indiretamente, modificando gradualmente os juízos corporificados em hábitos da estimativa cogitativa.

O controle não despótico da razão sobre os apetites sensoriais leva Aristóteles a enfatizar novamente a maneira pela qual as ações que fluem dos hábitos de automatismo são, não obstante, voluntárias. Nós temos controle direto apenas sobre nossas ações imediatas; mas, como os hábitos de ação e paixão se sucedem na sequência da repetição de certas ações, podemos ser responsabilizados pelas ações desencadeadas por esses hábitos:

> Ações e estados de caráter não são voluntários da mesma forma, pois somos senhores de nossas ações do início ao fim, se conhecermos os fatos particulares; mas, embora controlemos o início de nossos estados de caráter, o

---

[2] IRVINE, William. *On desire: why we want what we want* (Oxford: Oxford University Press, 2006), p. 95.

progresso gradual não é óbvio, nem está na doença; porém, como estava em nosso poder agir assim ou não, os estados são voluntários (1114b30-1115a3).

Se aplicarmos a categoria de hábito de Aristóteles e Tomás de Aquino à adicção, seremos capazes de ver como pode ser simultaneamente verdade que uma pessoa adicta perca o controle direto sobre suas escolhas, mas ainda permaneça em algum sentido capaz de responder a essa perda de controle direto. Isso dá acesso a uma maneira de resolver o paradoxo da adicção — a afirmação aparentemente contraditória de que reconhecer a falta de controle é o primeiro passo para recuperar o controle sobre o comportamento adicto. Pois as pessoas adictas de fato carecem dos recursos necessários para exercer controle duradouro sobre seu comportamento adicto; mas, não obstante, possuem os recursos para agir indiretamente de maneira que eventualmente desenvolvam os hábitos necessários para tornar esse controle duradouro uma realidade. Assim, não há nada filosoficamente incoerente na abordagem do AA, que afirma que as pessoas adictas carecem de controle imediato sobre seu comportamento e, ainda assim, podem recuperar esse controle em um contexto não medicalizado.

A adicção, então, deve ser entendida como um hábito complexo, e os aspectos "desconcertantes" do comportamento adicto tornam-se menores à medida que adquirimos uma apreciação mais profunda da miríade de ingredientes que influenciam o funcionamento de um hábito complexo. Tendo visto que a relação entre um hábito complexo e a vontade deliberativa é oblíqua e indireta, a recalcitrância do comportamento adicto, mesmo em face da "força de vontade" e do "bom senso", torna-se inteligível.

Se a adicção é apropriadamente definida como um hábito complexo, o que se segue? Até aqui, nossa análise demonstrou que a categoria de hábito fornece uma forma de pensar sobre a adicção que evita a dicotomia doença/escolha. Também mostrou que pensar sobre a adicção como hábito realmente nos dá ferramentas para pensar sobre alguns dos elementos mais intrigantes do comportamento adicto. Mas acredito que o poder descritivo e explicativo da categoria de hábito com respeito à adicção pode ser estendido. A maneira de estender a investigação em outras direções frutíferas é, agora, perguntar sobre o *tipo* de hábito complexo que é a adicção. Quais potências da pessoa humana estão implicadas no hábito da adicção, e, mais importante, quais são os bens aos quais o hábito da adicção é direcionado?

ADICÇÃO E INTEMPERANÇA

À medida que buscamos compreender que tipo de hábito é a adicção, um ponto de partida óbvio é o hábito da temperança. Talvez a adicção possa ser entendida simplesmente como uma falha da virtude da temperança, particularmente como uma expressão do vício da intemperança.

"Temperança", diz Aristóteles, "é um meio-termo no que diz respeito aos prazeres" (1117b24). Mas ela não se preocupa com o prazer em geral, e sim com os prazeres do corpo. Aqueles que se deleitam excessivamente nos prazeres da alma, "como o amor à honra e o amor ao aprendizado", não são chamados de intemperantes nem autoindulgentes (1117b27-32). Além disso, a temperança não se preocupa com todo prazer sensível, "pois aqueles que se deleitam em objetos visíveis, como cores, formas e pintura, não são chamados de intemperantes nem autoindulgentes", embora seja possível deleitar-se com essas coisas em um grau excessivo ou deficiente (1118a3-7). A temperança está fundamentalmente preocupada com os prazeres que os seres humanos compartilham com os animais, a saber, os do tato e do paladar, mas está especialmente preocupada com esses prazeres à medida que são desfrutados "no caso da comida, da bebida e da relação sexual" (1118a31-33).

A temperança é, portanto, a virtude que permite a uma pessoa atingir o desejo e a atividade proporcionais com respeito à comida, à bebida (pelo que Aristóteles se refere principalmente a entorpecentes) e ao sexo. Como já foi mencionado, a virtude da temperança reside substancialmente no apetite sensorial e formalmente na potência intelectiva. A temperança é uma virtude necessária para uma vida boa, porque o apetite sensível não é em si racional. Na medida em que as pessoas humanas são criaturas racionais e a vida boa é uma vida de acordo com a razão, os apetites sensíveis devem se conformar à razão: "Mas o homem, como tal, é um ser racional e, consequentemente, os prazeres que lhe convêm são os conformes à razão. E desses a temperança não o priva, mas sim dos que a contrariam" (2-2.141.1). A temperança é a virtude que atinge essa conformação dos apetites sensitivos à razão.

Três espécies de temperança correspondem aos três objetos da temperança: comida, bebida alcoólica e sexo. Abstinência é o nome da virtude específica da temperança que denota a moderação correta com respeito à alimentação; sobriedade, com relação à bebida alcoólica; castidade, com respeito ao sexo. Uma pessoa pode carecer dessas virtudes por desejar e buscar excessiva ou deficientemente cada um desses bens sensíveis. Ambos os extremos contam como vício, embora o desejo deficiente com relação a qualquer um desses bens sensíveis seja tão raro que não tenha um nome reconhecível. Aristóteles diz que a pessoa que deseja e busca alimentos, bebidas ou sexo de maneira deficiente é "insensível".[3] A frigidez com relação ao sexo provavelmente representaria a forma mais comum de insensibilidade. Mas, como diz Aristóteles, "é bastante raro encontrar pessoas que busquem deficientemente os prazeres e se deleitem menos do que deveriam; pois tal insensibilidade não é humana" (1119a5-7). O extremo do excesso é o vício mais comum, tão comum que tem um nome aceito com relação a cada um dos objetos do desejo sensorial. O desejo e a busca excessivos por comida são chamados de gula; por bebida alcoólica, embriaguez; por sexo, luxúria.

Se a adicção deve ser comparada ao vício da intemperança, provavelmente será por causa de uma correlação substancial entre a adicção e o vício da embriaguez, o qual pode ser entendido como o desejo e a busca habitualmente excessivos dos prazeres

---

[3] De acordo com Tomás de Aquino, "Se um homem conscientemente se abstivesse de vinho a ponto de molestar gravemente a natureza, ele não estaria livre do pecado" (2-2.150.1). Stanley Hauerwas mencionou-me o ditado semelhante dos rabinos: "Deus não considerará inocente aquele que não desfrutou de todos os prazeres legítimos".

sensíveis associados aos entorpecentes, prazeres estes supervalorizados como adequados à boa vida. Para que a adicção se encaixe nessa conta, devemos ser capazes de descrevê-la *como o desejo e a busca habitualmente excessivos dos prazeres sensíveis associados a certos objetos entorpecentes, prazeres estes que são supervalorizados como adequados à boa vida.*

Essa descrição faz jus ao fenômeno da adicção? Afirmo que não, pelo seguinte motivo: a intemperança é o amor desordenado por certos objetos em razão dos prazeres sensoriais que eles proporcionam, ao passo que a adicção é o amor desordenado por certos objetos por outras razões que não o prazer sensorial. Na verdade, as pessoas podem ser adictas a uma substância mesmo na *ausência* de prazeres sensoriais e, às vezes, em face de fortes *aversões* sensoriais ao objeto.

Lembre-se, por exemplo, do testemunho do alcoólatra incontinente visível relatado no capítulo 2: "Eu *sabia* que começaria a beber aquela garrafa de uísque novamente, embora eu ainda estivesse muito mal da noite anterior. Eu também sabia que não queria beber. Sentada naquele sofá, percebi que o velho 'eu poderia parar se quisesse, só não quero' não se aplicava aqui, porque eu não queria beber. Eu me vi levantar do sofá e comecei a me servir uma bebida" (AA 324). Relatos semelhantes aparecem constantemente nas memórias de outras pessoas adictas. Esses testemunhos vão ao âmago da experiência da adicção. Eles não poderiam ser dados por beberrões imoderados que simplesmente amam beber demais. Mesmo os beberrões que eram intemperantes e que estão trabalhando para superar sua intemperança não poderiam relatar que não tinham desejo de beber; só poderiam relatar que gostariam de não desejar o álcool como desejavam.

Na literatura sobre adicção, esse fenômeno é chamado de "ambivalência" e é caracterizado por uma mistura de desejo e aversão em relação ao objeto viciante. Como é possível que uma pessoa deseje e deteste simultaneamente o mesmo objeto? Oferecer uma resposta a essa pergunta nos permitirá compreender melhor a diferença entre intemperança e adicção. Tomás de Aquino afirma: "O apetite é duplo, a saber, o sensível e o intelectivo, que é chamado de vontade. O objeto de cada um é o bem, mas de maneiras diferentes: pois o objeto do apetite sensível é um bem apreendido pelos sentidos, enquanto o objeto do apetite intelectivo ou vontade é um bem sob o aspecto universal do bem, conforme pode ser apreendido pelo intelecto" (1.80.2). Simplificando, os objetos do apetite sensível são os bens dos prazeres sensoriais, ao passo que os objetos do apetite intelectivo são outros tipos de bens, intelectuais ou morais, por exemplo.

Lembremos que a intemperança é um hábito substancialmente do apetite sensível. Portanto, se a adicção deve ser assimilada ao hábito da intemperança, devemos descobrir que ela tem relação principalmente com um desejo desordenado por certos prazeres sensoriais associados a objetos viciantes. Mas, embora muitas adicções sejam iniciadas por meio do desfrute dos prazeres sensoriais associados ao objeto viciante, a adicção avançada raramente tem ligação com os prazeres dos sentidos. Veja, por exemplo, os seguintes testemunhos.

Um grupo de colegas entrou em um carro para ir almoçar em algum lugar. Eu fui o último e me sentei espremido entre vários outros no banco de trás. Um conhecido acendeu um cigarro que estava começando a incomodar meu estômago. Pedi a ele que abrisse a janela. Mas ele imediatamente a abriu e jogou fora o cigarro. Eu disse algo como: "Sinto muito estragar seu prazer". Ele respondeu decididamente: "Não é prazer, é fumar".[4]

Certamente, beber não era mais divertido. Há muito tempo havia deixado de ser divertido. Algumas taças de vinho com um amigo depois do trabalho ainda podiam ser reconfortantes e familiares, mas beber era tão necessário, tão visceral e compulsivo, que o prazer foi quase acidental. O prazer simplesmente não era o ponto.[5]

Essas pessoas adictas não são movidas pela busca de prazeres sensoriais, que são considerados irrelevantes ou totalmente ausentes. Parece muito mais provável, então, que os bens que as pessoas adictas buscam por meio da prática de suas adicções sejam mais bem compreendidos como "objetos do apetite intelectivo ou da vontade". Em nenhum lugar essa afirmação é mais indiscutivelmente evidente do que nos testemunhos frequentes

---

[4] WILSHIRE, Bruce. *Wild hunger: the primal roots of modern addiction* (Lanham: Rowman and Littlefield. 1998), p. 145.

[5] KNAPP, Caroline. *Drinking: a love story* (New York: Dial Press, 1996), p. 210.

de pessoas adictas que desenvolveram uma adicção não por meio do portal do prazer sensorial, mas *a despeito* da manifestada miséria sensorial ocasionada por seu primeiro contato com o objeto viciante. Os seguintes testemunhos de três pessoas adictas só podem soar grotescos para aqueles que não experimentaram o poder dominante de uma adicção profunda.

> Não me lembro de quantos drinques tomei, e minhas lembranças dos eventos reais do resto da noite são confusas, mas eu me lembro do seguinte: quando estava bebendo, eu estava bem. Eu entendi. Tudo fazia sentido. Eu poderia dançar, falar e desfrutar de estar na minha própria pele. Era como se eu fosse um quebra-cabeça inacabado com uma peça faltante; assim que tomei um gole, a última peça instantaneamente e sem esforço se encaixou no lugar... Lembro-me de ter pensado, enquanto me ajoelhava para vomitar na cabine, que isso era fantástico. A vida era ótima; eu havia finalmente encontrado a resposta: álcool! (AA 320).

> Tudo mudou com minha primeira dose, aos dezesseis anos. Todo o medo, timidez e doença evaporaram com o primeiro gole ardente de uísque direto da garrafa durante uma invasão a um armário de bebidas em uma festa do pijama. Fiquei bêbada, desmaiei, vomitei, tive náuseas e fiquei extremamente doente no dia seguinte, e sabia que faria isso de novo. Pela primeira vez, me senti parte de um grupo sem precisar ser perfeita para obter aprovação. (AA 328).

Fiz uso das drogas desde o início, mas várias pessoas que mais tarde se tornaram adictas lhe dirão que na primeira vez, na segunda, ou mesmo toda vez que ficaram chapadas, vomitaram. Você pediria uma "entrada" novamente se tivesse vomitado na primeira vez que a comeu? Você iria para ruas perigosas em noites frias para fazer compras? Correria o risco de ser preso por isso?[6]

Perda de memória, desmaios, vômitos, ânsias e indisposição severa não são normalmente contados entre a variedade de prazeres sensoriais. No entanto, essas pessoas adictas buscam seus objetos viciantes porque acreditam que eles oferecem bens definidos, bens como a capacidade de se comunicar, estar à vontade consigo mesmo, não ter medo e fazer parte de uma comunidade. Esses bens parecem mais objetos do intelecto do que do apetite sensível; são tipos de bens morais e intelectuais.

A adicção, portanto, simplesmente não se encaixa na conta da intemperança, a qual tem a ver com a busca dos prazeres sensoriais do paladar e do tato. Simplificando, a intemperança pode ser entendida como uma forma de hedonismo, enquanto a adicção não. Na verdade, a vida da pessoa adicta pareceria terrível para alguém que buscava maximizar a gratificação sensorial imediata. O beberrão intemperante experiente irá de fato *moderar* seu consumo de álcool, embora o "meio-termo" que ele busca seja

---

[6] MARLOWE, Ann. *How to stop time: heroin from A to Z* (New York: Basic Books, 1999), p. 145.

determinado por um tipo de cálculo de prazer sensorial em vez de, como no caso daquele que bebe moderadamente, uma deliberação prudente sobre o florescimento da vida humana. Entretanto, o alcoólatra não conhece moderação, embora possa saber que a moderação pode de fato aumentar seu prazer estritamente sensorial ao pelo menos evitar a variedade de misérias sensoriais que o alcoólatra inveterado suporta.

É porque a adicção não diz respeito aos prazeres sensoriais, mas, antes, aos bens intelectivos, que pessoas adictas costumam ser ambivalentes quanto à droga de sua escolha. A ambivalência é possibilitada pela natureza abstrata dos bens intelectivos. O alcoólatra pode pensar que o uísque é bom de um jeito, mas ruim de outro: bom para afogar a solidão, bom para criar coragem, e assim por diante (bens morais, todos); ruim para o bem-estar espiritual, ruim para o relacionamento com o cônjuge, e assim por diante (males morais, todos). Mas o beberrão intemperante pensa na cerveja apenas em termos de prazer, que, como um bem concreto, não é suscetível a interpretações contrárias. O prazer ruim é, estritamente falando, uma contradição em termos. A diferença crucial entre intemperança e adicção, portanto, está nos diferentes tipos de bens que cada uma busca. A intemperança busca bens sensoriais; a adicção busca bens morais e intelectuais.

Como os bens buscados por meio da prática de adicções são morais e intelectuais, enquanto os bens buscados por meio de comportamento intemperante são sensoriais, pessoas adictas e pessoas intemperantes respondem de maneiras diferentes à vergonha e à culpa. Tomás de Aquino considera a "vergonha" uma das duas "virtudes secundárias" ou subvirtudes integrais da virtude da temperança, juntamente com *honestas*, um senso de beleza moral ou decoro, cuja violação provoca como resposta a vergonha (2-2.143.1). A vergonha "é o medo de algo vil, isto é, daquilo que é infame" (2-2.144.1). Tomás de Aquino diz que a intemperança é controlada exatamente à medida que um agente se sente envergonhado de seu comportamento intemperante. Assim, existe uma relação inversa entre a vergonha e a intemperança: quanto mais pronunciada a experiência da vergonha, menos pronunciada a tentação de agir com intemperança.

Mas, no caso da adicção, vemos precisamente a relação oposta entre vergonha e comportamento adicto. Para pessoas com adicções, a vergonha não é um freio ao comportamento adicto, mas sim um ímpeto para ele. Vergonha e culpa são deficiências morais que, na mente adicta, podem ser corrigidas por meio do comportamento adicto. Descrevendo o caráter autodestrutivo da vergonha e da culpa de um adicto, William Cope Moyers escreve: "A vergonha e a culpa aumentaram. Minha autoestima desapareceu. A cocaína e a cerveja amenizaram essas emoções. Comecei a sentir vergonha. Não tinha nenhuma autoestima [...] Procurei a única ajuda que pensei estar disponível — cerveja e cocaína".[7] Como a necessidade subjacente ao comportamento adicto é uma necessidade moral e intelectual, a dor da vergonha e da culpa apenas aumentam um senso de carência moral e

---

[7] MOYERS, William Cope; KETCHAM, Katherine. *Broken: my story of addiction and redemption* (New York: Viking, 2006), p. 147.

intelectual. O adicto em heroína em recuperação William Pryor explica: "É progressivo porque a adicção se alimenta de si mesma, porque a dor anterior foi subsumida na dor da adicção; e, quanto maior essa dor, maior a quantidade de coisas que precisa ser ingerida, causando mais dor".[8] Quanto mais uma pessoa adicta usa a droga, mais vergonha e culpa ela sente. A dor original é composta da dor da vergonha e da culpa, e a pessoa adicta usa mais para anestesiar a dor.

Se a adicção não deve ser equiparada ao vício da intemperança, é porque aquela não parece estar essencialmente relacionada com os bens que envolvem a virtude da temperança, nem é uma resposta ao mesmo tipo de necessidade que motiva a ação intemperante. Mas os testemunhos de pessoas com adicções deixam claro que ela está poderosamente enraizada na busca de certos bens, os quais, para os adictos, parecem ser exclusivamente acessíveis por meio da prática de suas adicções.

Adicções são como virtudes e vícios nesse aspecto, uma vez que virtudes e vícios são hábitos que capacitam as pessoas a buscarem, de forma consistente, com sucesso e com facilidade, vários tipos de bens. Simplificando, virtudes e vícios são aqueles hábitos por meio da prática dos quais os seres humanos almejam a boa vida, a vida de felicidade ou, na terminologia de Aristóteles, a vida de *eudaimonia*. Os vícios diferem das virtudes não pelo papel formal que desempenham na vida dos agentes morais, mas

---

[8] PRYOR, William. *Survival of the coolest: an addiction memoir* (Bath: Clear Press, 2003), p. 213.

simplesmente pelo fato de permitirem ou não que uma pessoa alcance uma vida de genuína *eudaimonia*. Em outras palavras, a pessoa virtuosa difere da pessoa viciosa não porque aquela almeja a *eudaimonia* e esta não, mas porque uma de fato avança na vida de *eudaimonia* e a outra não. Como Tomás de Aquino coloca de forma útil, pessoas viciosas são aquelas que "se afastam daquilo em que *realmente* consiste seu fim último: mas não se afastam da intenção do fim último, cuja intenção elas procuram erroneamente em outras coisas" (1-2.1.7, grifo meu). Onde quer que tenhamos hábitos de paixão e ação que se conectem com a intenção de um agente por uma boa vida para os seres humanos, estamos no domínio dos hábitos de virtude e vício. E, como os trechos anteriores deixam claro, adicções são o *locus* de tal conexão. Portanto, cabe a nós, ao tentarmos articular o tipo de hábito complexo que é a adicção, investigar mais cuidadosamente a maneira como a adicção pode ajudar um agente a buscar ou obter uma variedade de bens que são considerados parte integrante da melhor vida possível para os seres humanos.

Não somos ensinados nem inclinados a pensar nas pessoas adictas como se estivessem ativa e apaixonadamente envolvidas na busca de uma boa vida. Temos a tendência de pensar nelas como pessoas que saíram do jogo ou que estão decididamente empenhadas em autodestruição. Mas não é assim. Sustento que o comportamento adicto pode nos revelar mais do que quase qualquer outro tipo de comportamento humano, aquilo que os seres humanos desejam mais profundamente.

ADICÇÃO E MODERNIDADE
O adicto como profeta involuntário

Era uma vez um mundo sem adictos. Ou, pelo menos, se eles existiam, ninguém conseguiria saber. A noção de "adicto" e os conceitos correspondentes de adicção e substâncias viciantes são próprios da era moderna. O primeiro uso registrado de *addict* [adicto] como substantivo data de 1899.[1] A noção contemporânea de adicção é distintamente norte-americana em sua ancestralidade e foi desenvolvida e refinada no contexto do movimento de temperança do século 19.[2] Em resposta ao crescente estigma social em torno da embriaguez e à pressão social correspondente para se abster de álcool, vários norte-americanos começaram a relatar que experimentaram um desejo avassalador pelo álcool. O conceito

---

[1] *The Oxford English Dictionary* online, s.v "addict". Nota do editor: segundo o Houaiss, em português, o substantivo "adicto" remonta a 1589 e procede do latim *addictus*, "escravo por dívidas".

[2] O relato seminal e mais conciso da genealogia do conceito de adicção é Levine, Harry Gene. "The discovery of addiction", *Journal of Studies on Alcohol* 39 (1978): 143-74.

moderno de adicção foi elaborado como uma resposta tanto a esses testemunhos quanto às exigências do crescente movimento de temperança. Em geral, foram os médicos que desenvolveram o conceito moderno de adicção, e é num artigo do Dr. Benjamin Rush, publicado em 1805, que encontramos a primeira descrição de "adicção" como perda de controle sobre a decisão de beber.[3]

Mas, se antes não havia adictos, hoje é possível acreditar que não há ninguém que *não* seja adicto. A formulação de Rush do conceito de adicção foi lentamente assimilada pela consciência pública e, desde então, tem sido reforçada e ampliada para cobrir um catálogo cada vez maior de adicções. Agora, todos nós vivemos em uma "sociedade adicta".[4] "A adicção é o nosso modo de vida."[5] E "a adicção profunda é a doença sagrada de nosso tempo".[6] Tal visão a respeito da ubiquidade da adicção tornou-se quase *de rigueur* na vida contemporânea, especialmente nos Estados Unidos.

Os números por si só são alarmantes. Apesar da avalanche de educação e publicidade antitabaco, aproximadamente um em

---

[3] RUSH, Benjamin. "An inquiry into the effects of ardent spirits upon the human body and mind with an account of the means of preventing and of the remedies for curing them", reimpresso em *Quarterly Journal of Studies on Alcohol* 4 (1943-1944), p. 325-41.

[4] SCHAEF, Anne Wilson. *When society becomes an addict* (New York: HarperOne, 1988).

[5] PEELE, Stanton; BRODSKY, Archie. *Love and addiction* (New York: Signet, 1975), p. 182.

[6] MAY, Gerald. *Addiction and grace* (New York: HarperCollins, 1988), p. viii.

cada três norte-americanos é adicto a nicotina de alguma forma. Todos os anos, quase 35 milhões de norte-americanos tentam parar de fumar; menos de 15% conseguem.[7] Um em cada oito norte-americanos é diagnosticável com adicção a drogas ilícitas ou álcool.[8] Paradoxalmente, apesar de uma diminuição no consumo total de álcool e narcóticos, as estimativas do número de adictos em substâncias nos Estados Unidos aumentaram constantemente nas últimas décadas. Um número cada vez maior de norte-americanos está recebendo prescrição de tratamento para adicções, ou eles próprios estão procurando tratamento. Além disso, os estabelecimentos médicos estão expandindo o escopo da adicção em um ritmo veloz, regularmente cunhando novas adicções e, assim, criando, aparentemente do nada, vastas populações de novos adictos. Mesmo aqueles de nós que até agora conseguiram evitar um diagnóstico definitivo, no entanto, tendem a ver nosso próprio comportamento através das lentes do conceito de "ser viciado". Assim, temermos que possamos estar ficando adictos em várias coisas: o que antes era um guloso agora é um viciado em chocolate; o que antes era um longo dia no escritório agora é *workaholism*;[9] o que antes era luxúria agora é vício em sexo.

---

[7] National Institutes of Health-National Drug Abuse Administration, "Research report series: Tobacco addiction," p. 3, https://bit.ly/3wjOQwv.

[8] U.S. Substance Abuse and Mental Health Services Administration, "Substance dependence, use, and treatment," www.oas.samhsa.gov/nsduh/2k7nsduh/2k7results.cfm#Ch7.

[9] N.T.: termo inglês que se refere ao "vício" em trabalhar, ou, de modo mais básico, a uma dedicação incansável e intensa ao trabalho.

Todos nós sabemos que os casos de adicção saíram do controle em nossos dias. Mas por quê? O que exatamente há em nossa época ou cultura que parece tornar a adicção em si uma opção tão atraente, e o conceito de adicção uma forma natural de interpretar e descrever nossos comportamentos e experiências? O restante deste capítulo buscará desvendar as raízes peculiarmente modernas da adicção contemporânea, traçando a explosão moderna da experiência adicta e da linguagem de adicção de volta às mudanças sísmicas nos arranjos sociais e na cosmovisão que acompanharam o surgimento do modo de vida moderno.

Lembre-se de que o objetivo do capítulo anterior foi estabelecer uma tese inicialmente contraintuitiva, a saber, que a adicção *não pode* ser analisada como um exemplo extremo do hábito da intemperança. Enquanto pessoas intemperantes são movidas pela busca de bens sensoriais, pessoas adictas são movidas pela busca de bens morais e intelectuais. Com base nesse entendimento, defendo neste capítulo que a adicção está completamente presente na vida contemporânea tanto como um tipo de comportamento quanto como uma forma de conceituar o comportamento, porque ela torna acessíveis certos tipos de bens morais e intelectuais que os desenvolvimentos da modernidade tornaram difíceis de alcançar de outra forma.

À primeira vista, tal afirmação parece implausível, porque sugere que a adicção é uma atividade com fins construtivos. Mas é exatamente isso que argumentarei. Para apresentar esse argumento, volto-me novamente ao pensamento de Aristóteles, a fim de iluminar uma ruptura profunda entre as maneiras pré-modernas e modernas de pensar sobre a vida moral. Enquanto o pensamento moral pré-moderno se caracterizava por um apelo recorrente a uma abordagem robusta e amplamente sustentada do florescimento humano, o pensamento moral moderno é caracterizado pela falta de qualquer contexto compartilhado análogo para conceber uma compreensão da boa vida para as pessoas humanas. A adicção, afirmo, é o hábito definitivo de nosso tempo exatamente porque oferece a resposta mais poderosa disponível a essa carência peculiarmente moderna.

Aristóteles sobre hábito e felicidade

Segundo Aristóteles, "o bem humano é uma atividade da alma de acordo com a virtude e, se houver mais de uma virtude, de acordo com a melhor e mais completa" (1098a17-19). Dada essa afirmação, seria de se esperar que a *Ética a Nicômaco* nos ensinasse exatamente o que é essa virtude "melhor e mais completa", mas uma resposta incontestável nunca é fornecida. Aristóteles parece oferecer duas respostas diferentes para a pergunta, respostas que parecem estar em tensão uma com a outra.

Na maior parte da *Ética*, Aristóteles desenvolve a visão de que a boa vida para os seres humanos se realiza por meio de atividades práticas virtuosas —como ter uma família, cultivar amizades e governar cidades. As virtudes morais e intelectuais são desenvolvidas por meio dessas atividades práticas, e o crescimento nas virtudes constitui uma boa vida. As virtudes são constitutivas da boa vida porque facilitam as atividades práticas da família, da amizade e da vida política, e porque valem a pena por si mesmas:

"Ora, tal felicidade [*eudaimonia*][10] é considerada acima de tudo, pois a escolhemos sempre por ela mesma e nunca em virtude de outra coisa. Mas honra, prazer, razão e todas as virtudes que escolhemos de fato por elas mesmas (pois, mesmo que nada resultasse delas, ainda assim deveríamos escolhê-las), nós as escolhemos também em razão da felicidade, julgando que por meio delas seremos felizes" (1097a37-1097b5).

Mas no livro X da *Ética a Nicômaco*, e também na *Ética a Eudemo*, Aristóteles muda de marcha e afirma que a boa vida só pode ser alcançada por meio da prática da pura contemplação da divindade (*theoria*). Aqui, Aristóteles afirma que as virtudes morais e intelectuais são insuficientes para a obtenção da felicidade. Essas virtudes e as atividades práticas que elas acarretam devem ser ordenadas em direção ao objetivo supremo de contemplar e servir a Deus: "Portanto, qualquer modo de escolher e adquirir coisas boas por natureza — sejam bens corporais, riquezas, amigos, sejam outros bens — promoverá melhor a contemplação de Deus, que é o melhor modo, e esse padrão é o melhor; e qualquer

---

[10] "Felicidade" traduz a palavra grega *eudaimonia*. Muita tinta foi gasta sobre a questão de como a palavra *eudaimonia* deveria ser traduzida. "Felicidade" provavelmente não é a melhor tradução, porque poderia ser associada a uma mentalidade do tipo "tudo o que faz você feliz", o que certamente não era a visão de Aristóteles. Aristóteles acreditava que você poderia estar se divertindo e ainda assim não ser *eudaemone*. Provavelmente a palavra seria mais bem traduzida por "a vida digna de ser vivida", "a vida que vale a pena", "a vida plena", "a melhor vida possível", etc., mas uso essas opções, assim como "felicidade", de forma intercambiável.

modo de escolha e aquisição que por deficiência ou excesso nos impeça de servir e contemplar a Deus é mau".[11]

Podemos destilar dessas diferentes imagens duas questões que podem ser tratadas separadamente. Em primeiro lugar, se as virtudes morais são de algum modo constitutivas da boa vida, como elas devem ser internamente ordenadas para a realização dessa vida? Em segundo lugar, se a contemplação do divino é um componente necessário da *eudaimonia*, como esse aspecto mais transcendente da boa vida pode ser integrado ao exercício prático das virtudes morais?

Essas duas questões definem a trajetória para o restante do argumento deste livro. A primeira metade do livro estabeleceu que a linguagem do hábito é indispensável para descrever corretamente a ação adicta. O restante emprega o entendimento de que a adicção é um hábito, a fim de explorar por que esse é um fenômeno contemporâneo tão predominante e poderoso. Embora eu tenha usado questões que surgem da *Ética* de Aristóteles para preparar o cenário, questões semelhantes surgem em qualquer tentativa de declarar o significado da ação humana. A ação humana é ordenada para certos propósitos e fins, para um *telos* especificável? E pode a ação humana levar-nos além do plano imanente em direção a alguma participação com o que é transcendente ou divino? Aristóteles e Tomás de Aquino são

---

[11] ARISTÓTELES. *Eudemian Ethics*, trad. H. Rackham, em *Aristotle: Athenian Constitution, Eudemian Ethics, virtues and vices* (Cambridge: Loeb Classical Library, 1980), 1249b17-14.

interlocutores úteis nesse ponto, porque suas respostas a essas perguntas diferem de forma marcante das respostas fornecidas pelas formas predominantes de pensamento moderno.

Minha tese neste capítulo é que a adicção pode ser interpretada como uma resposta moderna disponível à falta de qualquer consenso comum acerca do *telos* da ação humana. A melhor maneira de ver o quão empobrecida uma pessoa moderna é a esse respeito é explorar o contexto cultural e social de Aristóteles, que escreveu, em contraste, em uma época em que algumas coisas sobre a "bondade" e os fins da vida humana podiam ser dadas como certas.

A vida política da cidade-estado grega de Aristóteles girava em torno de uma concepção compartilhada acerca do que tal comunidade política deveria alcançar para tornar acessíveis a seus cidadãos os bens constitutivos de um modo de vida digno. E a *polis* foi organizada de tal forma que esses bens e a correta ordenação deles pudessem ser alcançados e conquistados por meio da excelência dentro de uma série de papéis sociais e modos de vida específicos. Dada a idade, a classe social, a escolaridade e outros elementos da pessoa, existia um acordo generalizado e coletivo sobre o papel social que a pessoa devia exercer ou cumprir, fosse a vida de artesão, de militar, de estadista ou a de filósofo. Os cidadãos podiam reconhecer o fracasso ou o sucesso tanto no nível do arranjo político quanto no nível do esforço individual, porque compartilhavam uma concepção substantiva de quais tipos de práticas e relacionamentos eram necessariamente constitutivos de uma vida de florescimento.

As investigações éticas que Aristóteles realiza na *Ética a Nicômaco* e em outros lugares tomam como ponto de partida esse entendimento compartilhado. Ele não tenta estabelecer do zero um padrão ou princípio organizador que possa questionar ou reformar radicalmente esse entendimento compartilhado. Antes, ele procura escavar e declarar os pressupostos filosóficos sobre a natureza da *eudaimonia*, os quais essa visão compartilhada já havia incorporado concretamente. Assim, por exemplo, quando Aristóteles frequentemente coloca na *Ética a Nicômaco* a questão "O que *nós* dizemos em tal assunto?", ele não está invocando o "nós" real como uma forma polida de retórica. Em vez disso, como Alasdair MacIntyre explica, Aristóteles pergunta "O que *nós* dizemos?" em vez de "O que *eu* digo?" porque ele "não acredita estar inventando uma teoria das virtudes, mas estar expressando uma teoria implícita no pensamento, na elocução e nos atos dos atenienses instruídos".[12]

A experiência moderna da adicção pode ser tornada inteligível contra o pano de fundo histórico da *pólis* de Aristóteles. Em contraste com a *pólis* grega, a vida social moderna é caracterizada pela ausência de qualquer relato amplamente compartilhado da vida feliz. Para usar um termo popular, a vida social moderna é "pluralista" quanto à questão do que constitui a boa vida para os seres humanos; não há nenhuma resposta consensual para a

---

[12] MACINTYRE, Alasdair. *After virtue: a study in moral theory*, 2. ed. (Notre Dame: University of Notre Dame Press, 1984), p. 147. [Edição em português: *Depois da virtude: um estudo em teoria moral* (Bauru, SP: Edusc, 2001), p. 252.]

pergunta. Se for esse o caso, então a questão da correta ordenação das atividades e outros bens da vida é uma questão que se torna explícita e intensificada principalmente no contexto moderno. À medida que as pessoas modernas se veem como agentes morais diante de uma variedade de modos de vida mutuamente exclusivos, as questões sobre a ordem correta dos bens e das atividades de nossas vidas tornam-se urgentes e mais agudas. A adicção, afirmo, fornece um tipo de resposta a essa crise.

Se estou correto em minha afirmação de que a adicção se torna mais atraente à medida que carecemos de outros meios inteligíveis de ordenar nossas vidas, então deveríamos esperar que as adicções se reúnam em torno de culturas ou subculturas em que existe a maior discrepância entre as formas tradicionais de conceber e ordenar vida e as possibilidades contemporâneas abertas a essas culturas ou subculturas. Assim, não devemos surpreender-nos ao descobrir que nos Estados Unidos, por exemplo, a adicção é desproporcionalmente prevalente em reservas nativas americanas, onde poucos dos modos tradicionais de compreensão e ordenamento da vida moral permanecem, e as possibilidades oferecidas estão em total descontinuidade com essas formas tradicionais.[13] De acordo com a Pesquisa Nacional sobre Uso de Drogas e Saúde, de 2008, conduzida pelo Departamento de Saúde e Serviços Humanos dos Estados Unidos, os "índigenas norte-americanos" têm as taxas de adicção mais altas (11,1%) por etnia

---

[13] Ver LEAR, Jonathan. *Radical hope: ethics in the face of cultural devastation* (Cambridge: Harvard University Press, 2006).

nos Estado Unidos.[14] Estudiosos que pesquisam sobre adicção têm tentado rastrear tais disparidades estatísticas olhando para as diferenças na genética étnica. Em vez disso, proponho que a prevalência da adicção é correlativa a desafios específicos que surgem sempre que os modos modernos de conceber a vida moral estão em desacordo com as formas tradicionais da tarefa moral. Para mostrá-lo, elucidarei a conexão entre certas características inter-relacionadas da vida moderna — arbitrariedade, tédio e solidão — e a prevalência de adicções profundas na vida moderna.

Arbitrariedade moderna

Não sou um historiador, e, inevitavelmente, meu relato das diferenças entre os contextos sociais pré-modernos e modernos será simplificado. Estou ciente, por exemplo, de que o contexto antigo, na prática, provavelmente não era tão harmonioso quanto Aristóteles teorizou (na verdade, o próprio Aristóteles estava ciente disso) e de que o contexto moderno, na prática, provavelmente não é tão fragmentado como alguns de seus críticos sugerem (e como alguns de seus apoiadores celebram). Não obstante, um ateniense que lesse Aristóteles o teria achado familiar, assim como John Rawls, por exemplo, parece estar descrevendo mais ou menos "nosso mundo". Há uma diferença radical entre os dois, e acho que temos muito que aprender declarando as diferenças com clareza.

---

[14] U.S. Department of Health and Human Services, "Results for the 2008 NSDUH: national findings", www.oas.samhsa.gov/nsduh/2k8nsduh/2k8Results.cfm#7.1.4.

O que quer que seja a sociedade ocidental contemporânea, ela não é a *pólis* grega. Alguns críticos da modernidade lamentam esse fato, e os apoiadores o celebram, mas pelo menos nesse fato ambos estão de acordo. Como avaliar "o moderno" é um problema de enorme complexidade, e assim como não existe um único "Iluminismo", também não existe uma única "modernidade". Podemos, no entanto, ensaiar uma generalização sobre a vida moderna em relação à qual há ampla unanimidade, quer o movimento do antigo para o moderno seja interpretado como um avanço, quer como um declínio. A *pólis* grega foi organizada em torno de uma visão compartilhada acerca do que constitui a boa vida para os seres humanos e de um conjunto relativamente rígido e hierárquico de papéis sociais nos quais as pessoas nasciam ou eram treinadas. A cultura da modernidade, por outro lado, é caracterizada pela proliferação de visões acerca do que constitui a boa vida para os seres humanos e, consequentemente, uma paisagem moral na qual as pessoas se encontram arbitrariamente livres para "perceber" a si mesmas em busca de um ou vários "modos de vida" díspares. E, portanto, enquanto a *pólis* grega tinha como premissa a prioridade do bem comum, a cultura moderna tem como premissa a prioridade do bem individual. Como Alasdair MacIntyre afirma: "No raciocínio prático aristotélico, é o indivíduo enquanto cidadão que raciocina [...] Mas, no raciocínio prático da modernidade liberal, é o indivíduo enquanto indivíduo que raciocina".[15]

---

[15] MacIntyre, Alasdair. *Whose justice? Which rationality?* (Notre Dame: University of Notre Dame Press, 1988), p. 339. [Edição em português: *Justiça de quem? Qual racionalidade?* (São Paulo: Loyola, 1991).]

A mudança que MacIntyre alega não é o efeito de uma decisão filosófica "de cima para baixo" de priorizar o indivíduo sobre o comunitário. Não é como se alguém repentinamente decidisse que o indivíduo deveria ser a medida determinante da comunidade, e não o contrário. Em vez disso, a mudança é produto da desintegração, ao longo de vários séculos, de todo e qualquer consenso generalizado acerca da natureza dos seres humanos e seu lugar no mundo, e o elenco de personagens desse drama histórico é extenso: Colombo, Lutero, Copérnico, Descartes e Kant estão certamente entre os principais atores. Mas a transformação não foi estritamente ou mesmo principalmente operada entre a intelectualidade. Por toda a Europa e, mais tarde, no Estados Unidos, a dúvida se alastrou e infeccionou todos os níveis da sociedade. O que estava em questão, entre outras coisas, era a defensibilidade última de qualquer alegação sobre o *telos* da existência humana. O enfraquecimento do consenso generalizado sobre o assunto foi a princípio condenado e depois celebrado, mas o que estava claro é que o significado do bem comum estava sendo bastante atenuado. O declínio da *comunidade* é correlativo ao declínio daquilo que pode ser sustentado em *comum* e, portanto, o individualismo moderno é apenas o resultado desse drama cultural. Sem dúvida, esse desenvolvimento trouxe consigo oportunidades significativas, mas também abriu um terreno fértil para o surgimento e o crescimento de hábitos de adicção.

Em suas memórias filosoficamente perspicazes sobre a adicção, *How to stop time* [Como parar o tempo], Ann Marlowe faz uma afirmação intrigante sobre a adicção em heroína:

O maior e mais obscuro segredo da heroína é que ela não é tão maravilhosa: é uma substância que alguns de nós concordamos em buscar como se fosse algo maravilhoso, porque é mais fácil fazer isso do que descobrir o que vale a pena ser buscado. A heroína é um substituto, um tapa-buraco, uma máscara para o que acreditamos estar faltando. Como os 'objetos' vistos pelo homem de Platão em uma caverna, a droga é a sombra projetada por movimentos culturais que não podemos ver diretamente.[16]

São precisamente esses movimentos culturais, tão essenciais a quem somos que passam despercebidos, que estou apontando com o rótulo desajeitado de "modernidade". No entanto, Marlowe não expõe o assunto com a mesma veemência com que poderia. Pois não é só que as pessoas modernas achem difícil "descobrir o que vale a pena ser buscado". Em vez disso, essas pessoas são atormentadas por um ceticismo axiomático quanto à possibilidade de tal coisa algum dia ser "resolvida" independentemente do esforço despendido. Não é que não possamos reconhecer modos de vida viáveis. Antes, confrontamos uma série de opções mutuamente incompatíveis com a suspeita de que não existem bases racionais para escolher entre elas.

Com o fracasso do projeto iluminista em estabelecer uma base puramente racional e, portanto, universal para determinar a estrutura normativa da vida humana, as pessoas modernas

---

[16] MARLOWE, Ann. *How to stop time: heroin from A to Z* (New York: Basic Books, 1999), p. 155.

herdaram fragmentos de concepções de tradições passadas sobre o *telos* da vida humana sem possuir uma forma estabelecida de decidir entre essas várias visões. Nossa cultura é, assim, uma cultura em que a decisão de seguir um modo de vida à custa de outros só pode ser entendida como uma escolha arbitrária, uma afirmação existencial do eu privada de qualquer fundamento lógico definitivo. As pessoas modernas não sabem mais o que fazer porque sabem muito bem quantas coisas *poderiam* fazer. Um adicto astuto percebeu uma conexão entre sua adicção e a ameaça da indecisão moderna:

> De repente, percebi que eu tinha duas doenças — a doença da adicção e a doença do excesso de opções [...] E se eu fizesse a escolha errada? [...] Sempre tive medo de fazer a escolha errada. Eu olhava para as duas bifurcações na estrada e ficava ali por muito tempo, temendo que uma ou ambas me levassem para o caminho errado. O álcool e a cocaína ajudaram-me a superar a ansiedade da indecisão e a coragem de seguir em frente, mesmo que isso significasse correr de cabeça para baixo por um caminho tortuoso e direto para o precipício.[17]

De acordo com Sean Desmond Healy, as pessoas modernas, em virtude dessa tirania da possibilidade, "não têm um senso de propósito e vagueiam em um estado de estagnação psíquica,

---

[17] MOYERS, William Cope; KETCHAM, Katherine. *Broken: my story of addiction and redemption* (New York: Viking, 2006), p. 184-85.

esperando que um vento sopre para lhes dar propulsão em direção a um destino que elas mesmas não podem identificar".[18] Healy afirma que esse vento não está chegando, portanto, as pessoas modernas estão determinadas, como Vladimir e Estragon em *Esperando Godot*, de Beckett, a esperar interminavelmente. Mas não é tudo dessa maneira; a adicção é um vento que impulsiona, embora seja mais parecido com um furacão. Objetos viciantes representam um *telos* racionalmente determinável porque são capazes de exigir por outros meios — por meio da adicção — uma espécie de lealdade absoluta a um modo de vida que as pessoas modernas não podem alcançar por meio do exercício de investigação racional sobre a melhor vida para os seres humanos.

Either/Or [Ou-Ou], de Søren Kierkegaard, fornece a expressão mais completa dessa perda moderna de teleologia.[19] O que *Either/Or* identificou como o ponto de vista distintivamente moderno é a concepção do debate moral e político em termos de um conflito entre visões mutuamente incompatíveis e incomensuráveis sobre o que constitui a vida mais digna de ser buscada. Nessa obra, o conflito é entre a vida do homem estético e a vida do homem ético, mas a variedade de perspectivas possíveis não se limita de forma alguma a esses dois. Na avaliação moderna de Kierkegaard, o que se torna característico de todas essas perspectivas é a ausência de qualquer critério comum que possa arbitrar

---

[18] HEALY, Sean Desmond. *Boredom, self, and culture* (London: Associated University Presses, 1984), p. 74.

[19] KIERKEGAARD, Søren. *Either/Or*, trad. Alastair Hannay (New York: Penguin, 1992).

definitivamente entre as várias concepções concorrentes da vida digna. Assim, para Kierkegaard, a escolha é desconectada da ordem da racionalidade objetiva e inserida na ordem da autoafirmação subjetiva. A idade, a classe social, a formação educacional, e assim por diante, de uma pessoa não fornecem nada que possa ajudar a determinar a vida que o agente deve buscar. Qualquer forma de vida que seja finalmente buscada não pode ser compreendida como uma escolha racional, mas apenas como um "salto de fé" kierkegaardiano.

Como Hubert Dreyfus e Jane Rubin argumentaram, "identificar-se como um adicto pode muito bem ser uma tentativa de obter o significado outrora, mas não mais, fornecido pelos compromissos autênticos possibilitados por uma cultura tradicional [...] Quando alguém diz: 'Meu nome é João e sou um alcoólatra', ele está reconhecendo uma identidade — a de um adicto [...] Acreditamos que a razão pela qual a *adicção* se tornou o modo preferido de compreensão psicológica e social para tantas pessoas em nossa cultura é que tal movimento remove sua identidade do reino da escolha arbitrária e a estabelece como um dado incontroverso [...] As adicções tornaram-se substitutas dos compromissos em nossa cultura".[20] Ou, como observou William Pryor, adicto em heroína em recuperação, "De alguma forma, ser um adicto atendeu às minhas necessidades, minha dor, *minha indefinição*".[21]

---

[20] DREYFUS, Hubert; RUBIN, Jane. "Kierkegaard on the Nihilism of the Present Age: The Case of Commitment as Addiction", *Synthese* 98 (1994): 6.
[21] PRYOR, William. *Survival of the coolest: an addiction memoir* (Bath: Clear Press, 2003), p. 3, grifo meu.

O "homem do subsolo" de Fiódor Dostoiévski retrata brilhantemente a paralisia que confronta as pessoas modernas: "Obviamente, a fim de agir, é preciso estar totalmente satisfeito e livre de qualquer desconfiança. Mas considere a minha situação: como posso ter certeza? Onde vou encontrar a razão primária da ação, a justificação para isso? Onde devo procurar? Sabem, senhoras e senhores, provavelmente a única razão pela qual acho que sou um homem inteligente é que em toda a minha vida eu nunca consegui começar ou terminar nada".[22] Essa imagem da indecisão moderna pode explicar o porquê de, na sociedade moderna, *qualquer* compromisso consistente ser visto de maneira suspeita como uma adicção. Exatamente porque duvidamos que alguém possa ter razões suficientemente convincentes para justificar um compromisso inabalável com um projeto ou estilo de vida, só podemos interpretar esses compromissos como adicções disfarçadas. Visto que a razão não pode compelir, a adicção é vista como a melhor explicação. Como a conexão entre a razão e a vontade foi rompida, a afirmação da vontade só pode parecer viciosa. Assim, mesmo para aqueles que não foram diagnosticados com alguma adicção, a linguagem da adicção molda a interpretação de certos tipos de atividade.

A nossa é uma cultura contraditória na qual a profunda ambiguidade sobre a possibilidade de compromissos justificados é

---

[22] DOSTOYEVSKY, Fyodor. *Notes from underground*, trad. Andrew R. MacAndrew (New York: Penguin, 1980), p. 103-4. [Edição em português: *Notas do subsolo*. trad. Maria Aparecida Botelho Pereira Soares (São Paulo: L&PM, Edição de bolso, 2008).]

correspondida com intensidade pelas ideologias de oportunidade, autorrealização e autocontrole. A adicção surge no ponto de impacto entre esses impulsos contraditórios, uma vez que facilita uma busca obstinada de realização na ausência de fundamento racional. A adicção, como o existencialismo, o impulso filosófico legado por Kierkegaard e Dostoiévski, é produzida por uma cultura na qual nos é dito, simultaneamente, "Seja tudo o que você pode ser" e "Faça do seu jeito". A colisão de um *ethos* de autorrealização com uma descrição da ação humana que separa a liberdade da teleologia é o naufrágio chamado adicção moderna.

Mas a adicção não é a única resposta disponível para a perda moderna de teleologia. A resposta dominante de nossa cultura é simplesmente ignorar a crise por meio da distração. Em particular, o capitalismo moderno tardio oferece aos consumidores a oportunidade de buscar "valor" na ausência de qualquer compromisso compartilhado com o bem. O consumismo, portanto, nos distrai da arbitrariedade paralisante da existência moderna, prometendo que o valor das coisas pode ser conferido simplesmente por estarmos dispostos a comprá-las. Assim, o consumismo é uma expressão do desejo de sermos desviados da perspectiva assustadora de que não sabemos realmente o que de fato vale a pena. A busca por excitação constante — ou seja, o cerne do consumismo — é a entronização do imediato sobre o teleológico.

A adicção representa uma reação contra a noção de um eu que consome, por decreto arbitrário da vontade, qualquer coisa que pareça proporcionar gratificação imediata. A adicção é uma espécie de rejeição da entronização, pelo consumismo, do imediato sobre o teleológico. É verdade que muitas adicções *começam* a partir do desejo de ser distraído pela gratificação imediata. Mas a adicção é *viciante*, em vez de meramente *distrativa*, exatamente porque fornece o tipo de força propulsora e intencional que o consumismo não pode oferecer. Os consumidores compram e vendem para se distanciarem da falta de propósito, mas os adictos encontram propósito precisamente no momento em que reconhecem que, em vez de consumir seus produtos de escolha, são consumidos por esses produtos. A adicção fornece o que os consumidores não acreditam que exista: necessidade. A adicção profunda pode, portanto, ser interpretada como uma resposta à ausência de teleologia na cultura moderna e como uma espécie de crítica corporificada ao consumismo capitalista tardio produzido por essa ausência.

O TÉDIO MODERNO

Temos falado da necessidade de distração de uma crise de significado, mas colocar a situação moderna em termos de crise de significado, embora seja verdade, é enganoso. Sugere, de maneira errônea, que as pessoas modernas buscam vigilantemente a solução dessa crise, mas esse não é necessariamente o caso. Pois as pessoas modernas não são apenas atormentadas pela ausência de uma teleologia, mas também pela crença de que uma resolução para tal crise não está próxima, uma vez que as únicas fontes imagináveis de tal resolução — a fé de Tomás de Aquino, a razão de Kant, a história de Hegel — são exatamente as coisas que a modernidade colocou irremediavelmente em dúvida. Os modernos, portanto, não são tão desesperados quanto são cínicos ou entediados.

Ironicamente, com o desaparecimento de qualquer concepção amplamente aceita de um bem comum e a transformação consequente da esfera social em uma arena para projetos individuais de prazer e realização, o tédio foi o resultado. Foi Kierkegaard também quem observou que a raiz do que aflige a sociedade moderna é o tédio: "O tédio é a raiz de todos os males. É estranho que o tédio, tão imóvel e estático, tenha tal poder de colocar as coisas em movimento. O efeito exercido pelo tédio é totalmente mágico, exceto que não é um efeito de atração, mas de repulsão [...] Não é surpreendente, portanto, que o mundo esteja regredindo, que o mal esteja ganhando cada vez mais terreno, uma vez que o tédio está aumentando e o tédio é a raiz de todos os males".[23] Para que não se suponha que o tédio seja um problema exclusivamente moderno, devemos lembrar que o pai da igreja cristã primitiva, Orígenes, especulou que o tédio causou a Queda.[24] Entretanto, o tédio moderno é diferente do tédio "padrão" de antigamente.

A recompensa material do capitalismo moderno significou que muitas pessoas modernas estão livres da luta diária pela

---

[23] KIERKEGAARD. *Either/Or*, p. 227-28. Martin Heidegger também afirmou que o tédio é o modo predominante do moderno Ser-no-mundo. Ver *An Introduction to metaphysics*, trad. R. Manheim (Garden City: Doubleday, 1961).

[24] ORÍGENES. *On first principles*, trad. G. W. Butterworth (New York: Harper and Row, 1966), 2.8.3. [Edição em português: *Tratado sobre os princípios*. (São Paulo: Paulus, 2012).]

sobrevivência e, portanto, têm o problema do "tempo livre". O tédio, no sentido de não saber como ocupar o tempo livre, é privilégio dos relativamente abastados, que, por suas energias não se esgotarem na sobrevivência, devem confrontar-se com o que fazer de seu tempo. Como Aristóteles observou, "o nobre emprego do ócio é o objetivo mais elevado que um homem pode buscar".[25] Portanto, é interessante que Rozanne Faulkner caracterize a adicção como um "mau funcionamento do tempo livre" e proponha que o treinamento em como passar o tempo livre de lazer de maneira adequada é fundamental para o processo de recuperação.[26]

Mas, embora o capitalismo tenha produzido uma classe maior de pessoas com o "problema" do tempo de lazer do que qualquer outro arranjo social, o problema do tempo de lazer não é exclusivo do contexto moderno, como fica claro pela preocupação de Aristóteles a respeito de como ele deveria ser bem gasto. O problema parece ser mais profundo, portanto, do que o mero fato de que as pessoas modernas possuem tempo livre. O problema, na verdade, é que a ideia de que devemos passar o tempo de lazer de uma maneira "nobre" é, em si mesma, estranha para as pessoas modernas. Muitas pessoas modernas possuem tempo de lazer, mas não têm a capacidade de determinar o que seria uma maneira nobre de aproveitá-lo, visto que não possuem a capacidade de determinar o tipo de pessoa que deveriam ser e o tipo

---

[25] ARISTÓTELES. *Politics*, trad. Benjamin Jowett, em *The basic works of Aristotle*, ed. Richard McKeon (New York: Random House, 1941), 8:3.

[26] A obra de Faulkner é citada em WILSHIRE, Bruce. *Wild hunger: the primal roots of modern addiction* (Lanham: Rowman and Littlefield, 1998), p. 114.

de vida que deveriam levar. Assim, o tempo de lazer é considerado um tempo para passatempos ou, mais revelador, "diversões". Quão estranho, então, para o ouvido moderno, que Aristóteles responda à sua própria pergunta, "O que devemos fazer quando estamos no lazer?", com a resposta: "É claro que não devemos divertir-nos, pois nesse caso a diversão seria o fim da vida".[27] Para Aristóteles, só saberemos como gastar nosso tempo de lazer se soubermos qual o sentido de nossas vidas e para que fim nossas vidas devem ser direcionadas.

Porque as pessoas modernas carecem de tal concepção do sentido de suas vidas, suas atividades de lazer só podem ser esforços que desviam a atenção da crise ocasionada por tal falta. Em outras palavras, o lazer moderno só pode ocasionar, em vez de aliviar, o profundo tédio da existência moderna. Portanto, desconfio da sugestão de que as pessoas se tornam adictas porque não têm passatempos interessantes. Um alcoólatra se descreve como "pai, marido, contribuinte, dono de casa [...] clubista, atleta, artista, músico, autor, editor, piloto de avião e viajante do mundo". Não lhe parece faltar passatempos interessantes e maneiras socialmente aceitáveis de preencher seu tempo de lazer. Mas, ele relata, "havia momentos em que a vida de respeitabilidade e realização parecia insuportavelmente monótona — eu tive de fugir" (AA 382).

Essa monotonia insuportável — o que Healy chama de "hipertédio"[28] — é exclusivamente moderna. É bem diferente do

---

[27] Aristóteles, *Politics*, 1337b35-36.
[28] Healy, *Boredom, self, and culture*, cap. 3.

tédio de épocas anteriores, que se caracterizava, de acordo com Healy, por um desencanto com o lugar particular que se possuía no esquema social. Esse tédio "padrão" é visto como remediável na medida em que ainda se acredita que a sociedade como um todo carrega consigo os recursos para construir uma vida valiosa e significativa. Mas, no caso do "hipertédio" moderno, a própria sociedade está "sob acusação por não fornecer sentido".[29] Ouça novamente o testemunho de um alcoólatra moderno:

> O estado mental do alcoólatra doente está além de qualquer descrição. Eu não tinha ressentimentos contra indivíduos — o mundo inteiro estava errado. Meus pensamentos giravam e giravam com: "Afinal, para que tudo isso?". As pessoas lutam e matam umas às outras; lutam e cortam as gargantas umas das outras pelo sucesso, e o que alguém ganha com isso? Não tive eu sucesso, não fiz coisas extraordinárias nos negócios? O que eu ganho com isso? Tudo está errado, e que se dane. (AA 225).

A ausência de um *telos* compartilhado ou justificável em última instância torna as pessoas modernas excepcionalmente entediadas. Como é possível fazer qualquer coisa, não há nada a fazer. Não é apenas, como no caso do tédio padrão, que um determinado estilo de vida pareça sem sentido. Antes, a busca em si parece inútil e, portanto, enfadonha: *hipertédio* nomeia a

---

[29] Ibid., p. 61.

paralisia causada pela incapacidade da modernidade de justificar um compromisso em detrimento de outros.

De acordo com William Burroughs, "você se torna um adicto em narcóticos porque não tem uma motivação forte em nenhuma outra direção. A droga vence pela falta. Experimentei por uma questão de curiosidade".[30] Dado meu argumento até agora, Burroughs não atinge o cerne da questão, pois alguém poderia interpretá-lo como se dissesse que a "droga" é uma entre muitas "diversões" possíveis que poderiam ter vencido "pela falta", como se algumas pessoas entediadas jogassem golfe e outras brincassem com "drogas". A droga vence pela falta de uma *razão*, e é a razão pela qual a adicção é o hábito definitivo de nosso tempo. As adicções fornecem um forte impulso motivador em direção a certos fins específicos de uma maneira que seria inacessível para a pessoa moderna incapaz de encontrar um critério final para justificar a atividade em uma direção definida. Burroughs chega muito mais perto do cerne da questão quando diz que, ao contrário do que somos levados a acreditar sobre a adicção, "o objetivo da droga para um usuário é que ela forme o hábito".[31] Se há uma doença peculiarmente moderna, é a doença do tédio moderno, para a qual a adicção é um dos raros antídotos comprovados.

O tédio moderno não é apenas um privilégio burguês. O que é exclusivo dos ricos é a maneira como o tédio moderno se lhes impõe sobre eles na crise do tempo de lazer. Mas o tédio moderno pressiona aqueles que não estão tão "sobrecarregados"

---

[30] BURROUGHS, William. *Junky* (New York: Penguin Books, 1977), p. xv.
[31] Ibid., p. 8.

com o tempo de lazer também. Essas pessoas também vivem sob a sombra da modernidade, e, embora suas vidas sejam preenchidas com a rotina diária de sobrevivência, suas lutas são acompanhadas pela constante pergunta: para que serve tudo isso? Como retratado no clássico filme de Charlie Chaplin, *Tempos modernos*, os trabalhadores modernos se veem presos a instituições e burocracias que os usam como engrenagens de uma máquina. Do empregado da fábrica ao gerente intermediário, os trabalhadores modernos são colocados em funções que exigem que executem "fragmentos de atos",[32] na medida em que o agente muitas vezes não tem ideia de quais possam ser os resultados finais de seu ato, muito menos de qualquer investimento no valor ou no significado desses resultados. O trabalhador moderno está ocupado, mas lhe falta propósito.

Como as vidas das pessoas modernas são fragmentadas pela separação do trabalho do lazer, do público do privado, do religioso do secular, dos jovens dos idosos, do local do nacional, e assim por diante, torna-se cada vez mais difícil imaginar como as atividades e os compromissos de uma vida individual podem constituir um todo ordenado. As pessoas modernas que estão dispersas por suas responsabilidades díspares e desconexas desejam algum princípio unificador que possa fornecer integridade e substituir a compartimentação e a fragmentação. Espera-se que a pessoa moderna, e em particular o trabalhador moderno, busque uma variedade de atividades diferentes, sem nenhum bem geral

---

[32] Wilshire, *Wild hunger*, p. 13.

que forneça qualquer propósito abrangente ou unidade à vida. O adicto moderno, ao contrário, é uma pessoa para quem tais bens heterogêneos só podem parecer um fardo, porque são desprovidos de qualquer fio de conexão. Na ausência de tal fio, a adicção oferece uma liberação de uma confusão de responsabilidades que carecem de uma lógica racional unificadora.

Tal liberação pode ser buscada não por preguiça, mas por descontentamento. Assim, quando Bruce Wilshire afirma que adictos são pessoas que "exigem as recompensas sem realizar o trabalho"[33], ele retrocede em sua compreensão do assunto. É verdade que a adicção, em muitos aspectos, impede o desenvolvimento emocional e que os adictos em recuperação devem aprender a disciplina necessária para enfrentar os desafios inevitáveis que todas as vidas, sejam antigas, sejam modernas, devem enfrentar. Mas a adicção moderna é apenas de modo derivado uma demanda por recompensas sem trabalho, pois está mais fundamentalmente enraizada na suspeita de que o trabalho moderno não tem recompensas.

Recapitulando o argumento, se algumas pessoas modernas sofrem porque não conseguem encontrar boas razões para se envolver nos negócios da vida, outras sofrem de um tipo de envolvimento que, não obstante, não tem raízes nem significado. A adicção fornece uma resposta a ambos os tipos de crise. A adicção fornece uma resposta à vida desanimadora de tédio que assola o burguês em seu tempo de lazer, ao fazer com que algo *realmente*

---

[33] Ibid., p. 234.

importe, e também fornece uma resposta à esmagadora vida de tédio que atormenta a classe trabalhadora com esforços fragmentados e compartimentados ao fazer com que ao menos *uma coisa* realmente importe. Para aqueles que estão entediados sem nada para fazer, a adicção estimula o envolvimento e o consumo; para aqueles que estão entediados com muitas coisas para fazer, ela alivia o fardo ao simplificar e esclarecer.

A SOLIDÃO MODERNA

Além da fragmentação e do tédio, as pessoas modernas são atormentadas pela solidão. A alienação e a solidão endêmicas do individualismo moderno foram teorizadas e documentadas por intelectuais e críticos sociais em vários campos de investigação. Pensa-se aqui nas análises devastadoras do jovem Karl Marx em seus *Manuscritos econômico-filosóficos*[34] ou, mais recentemente, na investigação sociológica da solidão norte-americana fornecida em *The lonely crowd* [A multidão solitária], de David Riesman.[35] Charles Taylor afirma que a solidão moderna é produto da "industrialização, do desmembramento das comunidades primárias anteriores, da separação entre o trabalho e a vida doméstica, e do crescimento de um mundo capitalista,

---

[34] MARX, Karl. *Economic and philosophical manuscripts of 1844*, em *The Marx-Engels reader*, 2. ed., Robert C. Tucker (ed.) (New York: W. W. Norton, 1978) [Edição em português: *Manuscritos econômico-filosóficos* (São Paulo: Boitempo Editorial, 2004)].

[35] RIESMAN, David. *The lonely crowd: a study of the changing American character* (New Haven: Yale University Press, 1965).

móvel, burocrático em grande escala, que em grande parte merece o epíteto de 'sem coração'".[36]

Qualquer que seja a complexa origem da solidão moderna, uma coisa é certa: pessoas solitárias dão bons adictos. Como *Os doze passos e as doze tradições* colocam de forma tão simples,

> Quase sem exceção, os alcoólatras são torturados pela solidão. Mesmo antes da prática de beber piorar e as pessoas começarem a nos isolar, quase todos nós tínhamos a sensação de que não pertencíamos a lugar nenhum. Ou éramos tímidos e não ousávamos aproximar-nos dos outros, ou podíamos ser bons extrovertidos, ansiando por atenção e companheirismo, mas nunca conseguindo isso — pelo menos em nossa maneira de pensar. Sempre houve aquela barreira misteriosa que não podíamos superar nem entender. (DD 57)

A conexão entre a solidão e a adicção em álcool é ilustrada quase *ad nauseam* nos "Testemunhos pessoais" do *Grande Livro* do AA. É de longe o tema mais comum. Já ouvimos alguns. Aqui está uma amostra de vários outros.

> Eu nunca havia estado dentro de um bar até que, uma noite, alguns colegas de classe me convenceram a ir com eles

---

[36] TAYLOR, Charles. *Sources of the self the making of the modern identity* (Cambridge: Harvard University Press, 1989), p. 292. [Edição em português: *As fontes do self: a construção da identidade moderna* (São Paulo: Loyola, 2013), 4. ed.]

a um salão de coquetéis local. Eu estava fascinado [...] Era pura sofisticação [...] Mas, mais importante do que qualquer outra coisa naquela noite, eu senti que fazia parte de um grupo. Eu estava em casa no universo; eu me sentia confortável com as pessoas [...] Não apenas estava completamente à vontade, mas na verdade amava todos os estranhos ao meu redor, e eles também me amavam, pensei, tudo por causa dessa poção mágica, o álcool. Que descoberta! Que revelação! (AA 447)

Qualquer que fosse o problema, logo descobri o que parecia ser a solução para tudo [...] Uma parada em um bar local dava início à noite. Eu pedia uma cerveja à garçonete e, assim que tomava meu primeiro gole, algo mudava imediatamente. Eu olhava ao meu redor, para as pessoas bebendo e dançando, sorrindo e rindo, todas muito mais velhas do que eu. De repente, de alguma forma senti que fazia parte. (AA 282)

Embora não tivesse muito entusiasmo com o sabor, eu adorei os efeitos. O álcool me ajudou a esconder meus medos; a capacidade de conversar foi um presente quase milagroso para um indivíduo tímido e solitário. (AA 359)

Em sua biografia de Bill Wilson, cofundador do Alcoólicos Anônimos, Susan Cheever relata que a própria adicção de Wilson em álcool foi impulsionada por esse anseio por companheirismo:

"Ele nunca esqueceu o aconchego do bar e a maneira como os homens ali pareciam fundir-se em uma única pessoa — uma pessoa imune à solidão".[37]

Infelizmente, a busca por pertencimento que encontra sua resposta para tantos alcoólatras na irmandade do bar acaba em isolamento quase total. O álcool, outrora o elixir do companheirismo e da camaradagem, é um amigo ciumento: "Desde aquela primeira noite no bar, um ano antes, tomei uma decisão profunda que iria direcionar minha vida por muitos anos vindouros: o álcool era meu amigo e eu o seguiria até os confins da terra [...] Agora o álcool se tornara o único amigo que eu tinha" (AA 447). Beber ou consumir drogas sozinho torna-se o ápice tragicamente irônico da adicção profunda.

Em um artigo sobre a diferença entre a experiência pré-industrial da "embriaguez crônica" e a do alcoolismo contemporâneo, Peter Ferentzy faz a observação fascinante de que, antes da virada do século 18, a embriaguez solitária era rara.[38] Ainda assim, esse fato alarmante se torna compreensível quando vemos que a rejeição moderna da teleologia e a perda resultante de uma concepção compartilhada da boa vida para os seres humanos acarretaram uma transformação da natureza da amizade. Pois, como fica tão claro na *Ética a Nicômaco*, a amizade era para Aristóteles um

---

[37] CHEEVER, Susan. *My name is Bill* (New York: Simon & Schuster, 2004), p. 39.

[38] FERENTZY, Peter. "From sin to disease: differences and similarities between past and current conceptions of chronic drunkenness". *Contemporary Drug Problems* 28 (2001): 382.

empreendimento basicamente moral, com a relação de amizade verdadeira definida principalmente em termos de objetivos comuns e uma busca compartilhada de certos bens específicos. Para Aristóteles, o principal benefício da amizade não é a afeição, mas o crescimento em virtude. Mas essa visão aristotélica da amizade diminuiu juntamente com o desaparecimento de uma compreensão sobre o bem comum. Não parece mais apropriado esperar que os amigos concordem uns com os outros acerca das questões mais substanciais da vida. Agora, a amizade é vista principalmente como uma expressão de afeto (o que Aristóteles teria chamado de amizade de prazer), ou um exercício de posicionamento profissional e "networking" (o que Aristóteles teria chamado de amizade de utilidade) (1157b37-1158a3). Para Aristóteles, nenhuma dessas formas de amizade é amizade verdadeira porque carece de qualquer conexão necessária para o crescimento de uma pessoa em virtude e em obtenção de uma vida digna para os seres humanos.

A adicção oferece uma resposta dupla à solidão implícita na transformação moderna da amizade. Por um lado, à medida que o afeto e o "capital social" intermedeiam as amizades modernas, as substâncias viciantes lubrificam essa mediação, como muitos dos depoimentos apresentados anteriormente mostraram. De fato, provavelmente mais do que qualquer outro fator, é a capacidade das substâncias viciantes de evocar fortes afeições ou reprimir fortes desafetos que representa seu apelo mais imediato. Sob a influência de substâncias viciantes, muitas pessoas se sentem mais livres para expressar afeto e mais confiantes de que o estão recebendo.

Por outro lado, precisamente porque a adicção é capaz de fornecer um propósito animador e necessário, de outra forma inacessível às pessoas completamente modernas, as pessoas com adicções compartilham, em certo sentido, entre si uma fidelidade irrestrita e incondicional a um objetivo comum. Pessoas adictas muitas vezes acham difícil desenvolver relacionamentos significativos com pessoas não adictas e, a esse respeito, são mais aristotélicas do que modernas. Da mesma forma, as pessoas com adicções são mais aristotélicas do que modernas no sentido de que estão dispostas a encerrar amizades sempre que essas amizades inibem sua busca singular. Eventualmente, então, a maioria das pessoas adictas termina como começou — sozinha. No entanto, a pessoa adicta solitária muitas vezes descobre que, embora esteja sozinha, não está sozinha. Isso porque o próprio objeto viciante assume o papel de amigo e companheiro.

> Quando você está bebendo, o álcool ocupa o papel de amante ou companheiro constante. Ele fica ali nas prateleiras da geladeira, ou no balcão, ou no armário como uma pessoa real, tão presente e confiável quanto um melhor amigo.[39]

> Eu nunca me sentia sozinha quando usava, mesmo quando estava separada das pessoas que mais amava no mundo, porque meus melhores amigos estavam sempre

---

[39] KNAPP, Caroline. *Drinking: a love story* (New York: Dial Press, 1996), p. 96.

comigo. A cocaína era minha companheira de corrida, minha alma gêmea, minha amante fiel, minha colega de confiança, minha companheira divertida de brincadeiras, que me acompanhava em todos os lugares a que eu fosse. O álcool e a cocaína sempre estiveram lá para mim, eles nunca me decepcionaram.[40]

Ann Marlowe expressa brilhantemente esse aspecto da adicção em suas memórias:

> Como viajar para lugares distantes, a heroína servia como uma forma de tornar minha solidão irrelevante. Fazer isso sozinha não acrescentava nenhum opróbrio; essa era a menor das minhas preocupações. E fazia sentido; a droga era uma companheira [...] Ficar chapada permitia que eu curtisse ficar sozinha sem me sentir solitária [...] Quando parei de ficar chapada, o que mais me incomodou foi minha recaída na solidão, ou na consciência dessa solidão [...] A droga fazia com que ficar em casa fosse mais fácil para mim; a droga era um lar, um espaço psíquico que preenchia as funções essenciais do construto físico, proporcionando um conforto e uma segurança previsíveis. A heroína se tornou o lugar onde, quando você aparecia, eles tinham de deixar você entrar.[41]

---

[40] Moyers, *Broken*, p. 185.
[41] Marlowe, *How to stop time*, pp. 140, 179.

Na medida em que o AA e outros programas de doze passos estão entre os poucos lugares na sociedade contemporânea onde, literalmente, quando você aparece, eles têm de deixá-lo entrar, começamos a entender por que comunidades intencionais como o AA também estão entre os poucos remédios modernos para a adicção contemporânea. Exploraremos a relação entre a adicção, a amizade e a recuperação de forma mais extensa quando nos voltarmos para a resposta da igreja à adicção. Para encerrar este capítulo, permita-me resumir o que venho argumentando.

Minha intenção na análise exposta anteriormente não foi acusar a modernidade mostrando seus horríveis efeitos. Em vez disso, meu objetivo é tornar inteligível o surgimento e a proliferação da adicção na cultura moderna, tanto como forma de comportamento quanto como modo de interpretar e descrever o comportamento. Tentei isolar as características da modernidade que considero as causas desse efeito, sustentando que a adicção fornece uma resposta poderosa às endemias modernas de fragmentação, solidão e tédio.

A adicção é, na verdade, uma espécie de crítica cultural corporificada da modernidade, e o adicto, uma espécie de profeta moderno involuntário. A igreja tem grande papel em ouvir esses profetas involuntários. Se ela ouvir, será levada a refletir sobre como sua própria cultura contribui para a produção de adicções, se ela oferece uma cultura alternativa e o que tal cultura alternativa exigiria.

ADICÇÃO E PECADO
Testando uma doutrina antiga

Antes éramos todos pecadores que precisavam da graça de Deus. Hoje, somos todos adictos que precisam de recuperação. Durante séculos, a categoria de "pecado" forneceu uma descrição da condição humana fundamental. Hoje, a "adicção" desempenha uma função semelhante. William Lenters afirma que a adicção é "a experiência humana"[1] e Gerald May proclama: "somos todos viciados em todos os sentidos da palavra".[2] À medida que May continua a descrever a universalidade da adicção, é possível perceber uma impressionante afinidade entre o discurso dos antigos sobre o pecado e o discurso contemporâneo sobre a adicção. "A adicção, então, é ao mesmo tempo uma parte inerente de nossa natureza e uma antagonista dela. É o inimigo absoluto da liberdade humana, a antipatia do amor."[3]

---

[1] Lenters, William. *The freedom we crave: addiction — the human condition* (Grand Rapids: Eerdmans, 1985), p. 11.

[2] May, Gerald. *Addiction and grace* (New York: HarperCollins, 1988), p. 4.

[3] Ibid.

Semelhantemente, os cristãos afirmam que o pecado é, ao mesmo tempo, parte de nossa natureza (a "natureza pecaminosa") e, no entanto, antagônico ao que fomos criados para ser.

Se a linguagem da adicção funciona hoje de forma análoga à antiga linguagem do pecado, não é porque a adicção é amplamente considerada como sinônimo de pecado ou mesmo como um tipo de pecado. Pelo contrário, tanto os adictos quanto os não adictos foram ensinados a considerar a adicção algo fundamentalmente diferente do pecado. A maioria das pessoas adictas aprende, em seus programas de recuperação e com uma enxurrada de literatura sobre o assunto, a ser avessa à linguagem do pecado. Assim, o alcoólatra em recuperação é informado de que "o alcoolismo é uma doença, não uma desgraça",[4] ou a pessoa adicta é informada de que a adicção "não é um pecado, mas sim uma doença". A linguagem da adicção, portanto, não se limita a refletir a linguagem do pecado, mas é cada vez mais usada para substituir a linguagem do pecado.

A tendência dentro dos movimentos de recuperação de ou insistir em uma clara demarcação entre adicção e pecado ou substituir completamente a linguagem do pecado pela da adicção parece pouco promissora a partir de uma perspectiva cristã. Visto que a adicção é uma atividade direcionada a um fim, seria estranho se uma atividade tão destrutiva não tivesse nenhuma relação com o pecado. Além disso, parece improvável que a

---

[4] Frase encontrada em um livreto do AA, citado em MERCADANTE, Linda. *Victims and sinners: spiritual roots of addiction and recovery* (Louisville: Westminster John Knox Press, 1996), p. 6.

adicção possa simplesmente substituir o conceito de pecado, até porque ela não é, em nenhum sentido óbvio, uma categoria teológica. Como, então, devemos entender a relação entre adicção e pecado?

Nos primeiros capítulos, tentei descrever a adicção em termos não teológicos. Neste capítulo, realizaremos uma guinada teológica, tentando definir a adicção em um enquadramento, definitivamente teológico, de pressuposições sobre a natureza e o destino humano. Assim como tenho argumentado que a categoria clássica de hábito pode ajudar-nos a compreender melhor a adicção e a descrever o comportamento adicto de forma mais verdadeira, agora quero argumentar que o apelo ao conceito de pecado pode contribuir de forma semelhante para uma compreensão mais completa da adicção. De fato, mostrarei que há fortes conexões históricas e conceituais entre a categoria filosófica do hábito e a doutrina cristã do pecado. A fim de seguir essa estratégia de relacionar a adicção ao pecado, é necessário primeiro demonstrar que o argumento padrão que fez com que a reflexão sobre a adicção se divorciasse da reflexão teológica tem sua origem em uma compreensão equivocada acerca do que os cristãos querem dizer quando falam sobre "pecado".

Pecados, pecado e pecado original

O paradigma da adicção é frequentemente apresentado como uma crítica (implícita ou explícita) à doutrina cristã do pecado. Essa crítica precisa ser respondida: há algo que aprendemos com o estudo sobre adicção que sugira que a antropologia cristã, especificamente a doutrina do pecado, é inadequada ou falsa? Somente quando essa crítica for respondida fará sentido seguir em frente e perguntar se a doutrina cristã do pecado pode enriquecer nossa compreensão acerca da adicção.

Embora a linguagem do pecado esteja ausente do *Grande Livro* do AA, ela aparece na história pessoal do cofundador, Bill Wilson. Isso é instrutivo porque Wilson estava no centro de uma controvérsia dentro das fileiras do AA acerca da adequabilidade de empregar linguagem especificamente religiosa dentro do AA.[5] O próprio Wilson foi "salvo" de seu alcoolismo por meio de uma experiência de conversão religiosa. Em resposta ao testemunho de um velho amigo de escola que se converteu em uma reunião do Grupo Oxford (um movimento avivalista leigo que começou na Inglaterra e se espalhou pelos Estados Unidos), Bill Wilson voltou-se para Deus em busca de ajuda com seu alcoolismo aparentemente intratável: "Ali, ofereci-me humildemente a Deus, como então eu concebia, para fazer de mim o que ele quisesse. Coloquei-me sem reservas sob seu cuidado e em sua direção. Admiti pela primeira vez que por mim mesmo não era nada; que sem ele eu estava perdido. *Enfrentei meus pecados impiedosamente* e desejei que meu amigo recém-descoberto os levasse embora, arrancando-os pela raiz. Desde esse dia nunca mais bebi novamente" (AA 13, grifo meu).

A experiência de Wilson seguiu o padrão de conversão pregado e praticado no Grupo Oxford, e foi esse padrão que se tornou

---

[5] Sobre a história do AA, ver KURTZ, Ernest. *Not God: a history of Alcoholics Anonymous* (Center City: Hazelden Publishing, 1991).

o modelo para o que viria a ser os doze passos do AA. Mas, logo após a formação do AA, surgiu um debate sobre como a linguagem especificamente religiosa poderia acabar impedindo o AA de cumprir sua missão, que era alcançar o maior número possível de alcoólatras e comunicar-lhes um novo método de recuperação. A referência a "Deus" foi mantida, com a condição de que fosse sempre acompanhada pela ressalva, "como o concebemos". Os ateus e agnósticos eram encorajados a não permitir que tal linguagem os impedisse de se aplicar aos doze passos. Eles eram convidados a interpretar a linguagem de Deus como o simples reconhecimento de algum Poder maior do que sua própria força de vontade: "Você pode, se quiser, fazer do próprio AA seu 'poder superior'. Aqui está um grupo muito grande de pessoas que conseguiram superar seus problemas com o álcool. Nesse aspecto, eles certamente são um poder maior do que você" (DD 27). Assim, a linguagem de Deus foi mantida, mas não estava mais necessariamente ligada ao sobrenatural ou ao transcendente.

A linguagem especificamente cristã, e particularmente a linguagem do pecado, passou por tempos ainda mais difíceis. As queixas contra essa linguagem especificamente cristã eram duplas. Primeiro, os críticos argumentaram que todos os alcoólatras que não eram cristãos ou que eram avessos ao cristianismo seriam desencorajados por tal linguagem. Segundo, os críticos argumentaram que a linguagem religiosa, especialmente a linguagem do "pecado", tendia ao moralismo e voluntarismo que eram parte do próprio problema que os alcoólatras precisavam superar, a saber, a tentação dos alcoólatras de pensar que poderiam resolver seu próprio problema por meio de um simples esforço moral.

A doutrina do pecado que a maioria dos membros iniciais do AA considerava excessivamente moralista e voluntarista foi a doutrina conforme apresentada especificamente na teologia leiga do Grupo Oxford e, de maneira mais geral, na teologia pré-Segunda Guerra Mundial de uns Estados Unidos otimistas. Essa teologia foi caracterizada por uma forte ênfase na superação de obstáculos por meio do poder do pensamento positivo. Ela negava que houvesse impedimentos ao progresso que não pudessem ser superados com o exercício da força de vontade. Como Linda Mercadante corretamente aponta, essa é uma variante da heresia do século V conhecida como pelagianismo.[6] Para Pelágio, todo pecado é uma transgressão de uma lei conhecida de Deus, realizada por uma vontade que está posicionada de maneira neutra entre o bem e o mal, sempre perfeita e arbitrariamente livre para escolher um ou outro. Contra Pelágio, Agostinho argumentou que a vontade humana está escravizada pelo pecado, "incapaz de não pecar", em sua frase clássica (*non posse non peccare*). A reação de Agostinho contra Pelágio lançou as bases para o que se tornou a compreensão dominante sobre pecado no Ocidente cristão. A linguagem do pecado que o AA rejeitou não era a doutrina ortodoxa do pecado proposta por pensadores como Agostinho, mas sim certa compreensão do pecado que há muito tempo fora considerada teologicamente deficiente.

---

[6] Mercadante, *Victims and sinners*, p. 116.

A igreja proclama que o pecado não consiste fundamentalmente em atos humanos, mas na condição humana. Os atos que chamamos de pecados são derivados de um mal-estar mais profundo chamado *pecado*. Na verdade, podemos identificar três níveis de especificação dentro da doutrina do pecado. Aparentemente, temos atos pecaminosos, o que passou a ser conhecido na tradição, seguindo Tomás de Aquino, como "pecado real". Quando esse é o caso, o apóstolo Paulo tende a não falar de "pecados", mas sim de "transgressões". Definir exatamente o que constitui um ato pecaminoso é complexo, mas a definição padrão é que um ato pecaminoso é qualquer ato que prejudique a relação do agente com Deus.

Em um nível mais profundo, podemos falar da pecaminosidade das pessoas humanas. A maioria dos atos pecaminosos não entra em cena "do nada"; antes, eles emergem de nosso caráter corrompido. Antes que a maioria dos atos pecaminosos aconteça, já existe uma orientação obstinada para longe de Deus. Isso é chamado de "pecado disposicional" por Tomás de Aquino, e é o que o apóstolo Paulo parece querer dizer quando fala da "carne". "Pecado", a esse respeito, nomeia não um tipo de ato, mas um estado, uma condição ou uma orientação que a pessoa assume. Assim, ao contrário do pensamento pelagiano, uma pessoa pode ser "pecaminosa" mesmo que não esteja cometendo algum ato pecaminoso específico.

Esse segundo nível de pecado se desenvolve à medida que atos pecaminosos geram hábitos pecaminosos, e esses hábitos nos afastam de Deus. A descrição de Agostinho da maneira como o hábito restringe nossa vontade é ilustrativa:

Da vontade pervertida nasce a paixão; servindo à paixão, adquire-se o hábito, e, não resistindo ao hábito, cria-se a necessidade. Com essa espécie de elos entrelaçados (por isso falei de cadeia), mantinha-me ligado à dura escravidão. A nova vontade apenas despontava; a vontade de servir-te e de gozar-te, ó meu Deus, única felicidade segura, ainda não era capaz de vencer a vontade anterior, fortalecida pelo tempo. Desse modo, tinha duas vontades, uma antiga, outra nova; uma carnal, outra espiritual, que se combatiam mutuamente; e essa rivalidade me dilacerava o espírito.[7]

Assim, no nível da pecaminosidade humana, a vontade é limitada por sua obstinação mais antiga, uma obstinação que é produzida pela formação de hábitos que orientam a pessoa em uma direção definida para longe de Deus. Longe de oferecer uma explicação voluntarista da condição humana (como faz Pelágio), a abordagem de Agostinho sobre o pecado complica nossas noções de voluntariedade da mesma forma que a categoria de hábito de Tomás de Aquino o fez. A exposição de Agostinho sobre a escravidão da vontade pelo hábito sugere que esse paralelo entre pecado e hábito não é mera coincidência.

Mas o hábito não é o único constituinte da pecaminosidade humana, pois a doutrina do pecado também sustenta que, no

---

[7] AGOSTINHO. *Confessions*, trad. Henry Chadwick (Oxford: Oxford University Press, 1991), VIII.v (10). [Edição em português: *Confissões* (São Paulo: Paulus, 2016), p. 123.]

nível mais profundo e anterior a qualquer ato de formação de hábito, todo ser humano já está afastado de Deus. Isso é o que o evangelista João chama de "o pecado do mundo" (João 1.29) e a que o apóstolo Paulo se refere como o "pecado que habita em mim" (Romanos 7.18). O pecado designa um poder ou uma força que atinge cada pessoa humana, que é um espaço para o exercício e a influência do mal cósmico. Assim, em cada pessoa humana, a tendência para o mal precede o exercício da vontade.

A tradição cristã afirma que essa é uma verdade sobre a existência humana que é conhecida pela fé. Não é o resultado de um argumento ou uma teoria em particular, mas, antes, uma tentativa de dar sentido ao que as Escrituras dizem sobre a orientação humana fundamental para longe de Deus. Essa afirmação factual foi teoricamente explicada de várias maneiras. O apóstolo Paulo parece ter concebido tal desorientação como resultado de forças cosmológicas que competiam desde o início contra a fidelidade humana a Deus. A doutrina cristã do diabo é, portanto, um correlato, em certo sentido, dessa convicção sobre uma força do mal que precede a vontade humana. Além disso, Agostinho defendeu uma doutrina do "pecado original", que ele afirmava ter sido transmitido biologicamente de Adão a todos os outros seres humanos na forma de uma natureza humana corrompida. No século 20, o movimento do evangelho social rejeitou esse relato biológico do pecado original e optou por um relato da transmissão social de estruturas e circunstâncias pecaminosas que aguardam cada pessoa humana e a condicionam desde o início a se afastar de Deus. Seja qual for a afirmação apresentada, a doutrina cristã do pecado inclui a enfática afirmação de que, antes de qualquer ação pecaminosa e, portanto, mesmo antes da formação de hábitos pecaminosos, os seres humanos já estão predispostos a rejeitar o chamado para um relacionamento correto com seu Criador. A doutrina cristã ensina "que o pecado (pelo menos desde a Queda) não é de forma alguma um simples *fenômeno* da liberdade individual, mas sim uma realidade *anterior* à própria liberdade individual. O pecado *precondiciona* a liberdade".[8]

PECADO, ADICÇÃO E VOLUNTARISMO

Ao contrário da suposição dos movimentos de recuperação da adicção, a categoria de "pecado" não implica uma postura moralista e voluntarista acerca do poder da vontade humana. Há espaço na doutrina do pecado para reconhecer, como faz Agostinho, a escravidão da vontade humana diante da tentação. De fato, as semelhanças entre a doutrina do pecado e os testemunhos de pessoas adictas são impressionantes. Pessoas com adicções afirmam que seu comportamento adicto é reconhecidamente destrutivo, embora, em algum sentido muito real, esteja além do controle imediato de sua força de vontade. Semelhantemente, a doutrina do pecado ensina que os seres humanos agem de maneiras que são destrutivas do relacionamento correto com Deus, embora essas ações muitas vezes fluam de hábitos e orientações fundamentais que não são passíveis de reforma por meio do exercício imediato da vontade. Vimos que as pessoas adictas não

---

[8] MCFADYEN, Alasdair. *Bound to sin: abuse, holocaust and the Christian doctrine of sin* (Cambridge: Cambridge University Press, 2000), p. 28.

apenas realizam certos tipos de ações, mas se tornam certos tipos de pessoas, e argumentamos que o hábito é, pelo menos parcialmente, constitutivo desse fato. De forma semelhante, a doutrina do pecado afirma que os pecadores não são meramente pessoas que cometem atos pecaminosos, mas sim pessoas cujo caráter é pecaminoso, e o papel do hábito é parcialmente constitutivo desse fato. Portanto, o pecado não é fundamentalmente algo que *fazemos*, mas sim algo que descobrimos sobre quem *somos*. Por fim, pessoas adictas afirmam que são predispostas às adicções, que algo em sua constituição material ou psicológica as inclina para um comportamento adicto antes mesmo do primeiro ato viciante. Da mesma forma, a doutrina do pecado original ensina que os pecadores não são meramente pessoas que cometem atos pecaminosos, não apenas pessoas que têm hábitos pecaminosos, mas, em última instância, pessoas que são predispostas ao pecado.

Assim, a categoria da adicção não é incomensurável com a categoria do pecado corretamente entendida. Obviamente, alguns casos de adicção não seriam classificados apropriadamente como pecado. Por exemplo, pessoas com doenças mentais graves são propensas à adicção, mas nem a linguagem do hábito nem a linguagem do pecado parecem explicar corretamente a dinâmica em jogo nesses casos. Em vez disso, estaríamos mais inclinados a pensar na adicção como uma doença e, em linguagem religiosa correspondente, um exemplo de mal natural (em vez de mal moral ou pecado). Mas temos tentado entender a "adicção incontinente", exemplos da adicção que exibem o "paradoxo da adicção". A maioria dos casos de adicção são casos de "adicção incontinente", e tais casos não são incomensuráveis com a categoria de pecado.

Nos casos padrão de adicção incontinente — casos em que julgamos acertadamente uma pessoa adicta como responsável por sua recuperação, mesmo reconhecendo as limitações impostas à sua força de vontade —, a categoria do pecado é adequada à dinâmica em jogo. O caráter paradoxal da adicção incontinente consiste no fato de que o comportamento adicto incontinente é, ao mesmo tempo, voluntário e, ainda assim, além do controle imediato de uma vontade supostamente autônoma. Isso é paradoxal porque geralmente somos levados a acreditar que a esfera do voluntário é contígua à esfera do autonomamente desejado — que ninguém pode ser responsabilizado por algo sobre o qual não tenha controle imediato por meio do exercício da vontade autônoma. Mas tenho argumentado que essas duas esferas não são de fato contíguas, e apresentei uma categoria filosófica — o hábito — que explica essa disparidade.

De igual modo, a doutrina do pecado desafia a suposta simetria entre o voluntário e o autonomamente desejado. O movimento contemporâneo de recuperação resiste à categoria do pecado, alegando que falar sobre pecado simplesmente restabelece o moralismo e o voluntarismo, que são os inimigos da recuperação. Mas, na verdade, a doutrina cristã do pecado, conforme articulada especialmente por Agostinho ao longo da controvérsia pelagiana, foi desenvolvida e ajustada precisamente para resistir a esse moralismo e voluntarismo. O paradoxo da adicção reflete o paradoxo do pecado: como Agostinho argumentou, podemos ser incapazes de não pecar e, ainda assim, ser corretamente considerados como agindo *voluntariamente* em nosso pecado.

O paradigma contemporâneo da adicção, reagindo contra visões excessivamente moralistas e voluntaristas da adicção, encontra um aliado no conceito da doença da adicção. Argumentei nos primeiros capítulos deste livro que, embora o conceito de doença forneça um corretivo para o moralismo e o voluntarismo, ele o faz à custa de tornar ininteligíveis os modos reais de recuperação que os adictos empreendem com sucesso. Em vez disso, propus que a adicção seja entendida como hábito, aquela categoria filosófica que faz a mediação entre a escolha autônoma, de um lado, e a doença determinada, de outro. Da mesma forma, a doutrina cristã ortodoxa do pecado faz a mediação entre um pelagianismo excessivamente voluntarista, por um lado, e um maniqueísmo[9] excessivamente determinista, por outro. Portanto, não deveria ser surpreendente descobrir que a linguagem do pecado pode acomodar a experiência e o discurso da adicção.

As semelhanças entre as controvérsias acerca da doutrina do pecado que envolveram Agostinho nos séculos 4 e 5 d.C., e as controvérsias atuais no movimento de recuperação da adicção são gritantes, mas talvez não devamos nos surpreender. Afinal, tanto o antigo discurso sobre pecado quanto o moderno discurso sobre adicção buscam tornar inteligível certo tipo de comportamento humano dos mais paradoxais. Não é por acaso que tanto

---

[9] De acordo com o maniqueísmo, a pessoa humana é pouco mais do que um campo de batalha no qual as forças cósmicas independentes e opostas do Bem e do Mal travam guerra entre si.

Agostinho quanto pessoas adictas encontram sua situação paradigmaticamente declarada nas palavras do apóstolo Paulo: "Não entendo o que faço, pois não pratico o que quero, e sim o que odeio [...] pois o querer o bem está em mim, mas não o realizá-lo. Pois não faço o bem que quero, mas o mal que não quero" (Romanos 7.15-19). Isso sugere uma importante sobreposição entre o que as duas categorias — adicção e pecado — estão tentando descrever.

Essa sobreposição pode ser mal interpretada. É tentador confundir as duas categorias, de modo que o pecado seja simplesmente identificado com adicção. Nesse caso, a adicção passa a ser considerada a metáfora ou o modelo apropriado para todos os pecados e é vista como um corretivo para outras metáforas defeituosas do pecado, metáforas como "mancha" ou "transgressão".[10] A fraqueza desse método, no entanto, é que a linguagem da adicção é privilegiada de tal forma que não podemos nem mesmo perguntar se a doutrina do pecado também pode contribuir para a compreensão da discussão sobre a adicção. Se, como Patrick McCormick argumenta, "o pecado é uma adicção",[11] é difícil ver como essa identificação das duas categorias pode resistir a uma redução do pecado a termos não teológicos. A linguagem do pecado então se torna redundante. Se o pecado é uma adicção, e se já sabemos o que é uma adicção, então por que falar sobre o pecado?

A outra maneira de interpretar mal a sobreposição conduz a quase o mesmo resultado, mas por uma rota diferente. Em vez

---

[10] Essa é a estratégia empregada por McCormick, Patrick, C.M. *Sin as addiction* (New York: Paulist Press, 1989).

[11] Ibid., p. 146.

de misturar pecado e adicção, o movimento de recuperação na América tendeu a simplesmente descartar a linguagem do pecado, negando, assim, a sobreposição, confiante de que a linguagem da adicção pode sustentar-se por si mesma. Entre outras razões, o movimento de recuperação evitou inicialmente a linguagem do pecado porque este era considerado uma característica universal da experiência humana, ao passo que o movimento de recuperação queria enfatizar a singularidade da experiência adicta. O que é interessante nesse movimento, entretanto, é que a linguagem da adicção, no vácuo teológico criado pela retirada da linguagem do pecado, foi continuamente expandida para preencher o vácuo. Essa é a conclusão surpreendente de Linda Mercadante, que escreve: "A temática completou, assim, uma volta completa. O que foi originalmente entendido como a condição universal de pecado, então reduzido à patologia de um grupo particular, depois expandido em uma multiplicação de diagnósticos de adicções, simplesmente se tornou outro nome para uma situação humana universal".[12]

Devemos, portanto, ter cuidado para evitar interpretar de maneira equivocada a sobreposição entre pecado e adicção. As duas categorias não podem ser nem totalmente combinadas nem inteiramente separadas, e isso pode ser demonstrado simplesmente observando-se os tipos de comportamento que as duas categorias podem abranger. Vários tipos de comportamento são exemplos *tanto* de adicção *quanto* de pecado. Baseando-se

---

[12] Mercadante, *Victims and sinners*, p. 110.

novamente na taxonomia de Aristóteles dos tipos de incontinência delineada no capítulo 2, parece provável que a maioria, senão todos os casos de "adicção incontinente simples", também são casos de pecado. Nesses casos, a adicção é o resultado de uma série de decisões tomadas por um agente moral autônomo, competente e informado.

Por outro lado, muitos casos de adicção não são apropriadamente rotulados como pecado. O exemplo mencionado anteriormente de pessoas com um "diagnóstico duplo" de transtorno mental grave e adicção (casos que Aristóteles teria chamado de "adicção mórbida") seriam claramente casos que não podem ser interpretados como pecado. Esses casos são interpretados mais apropriadamente com a categoria de mal natural. Além disso, os casos de adicções enraizadas em experiências de trauma ou violência não podem ser enquadrados diretamente na categoria de pecado. A sobreposição entre pecado e adicção aqui é extremamente complicada. Embora a vítima não possa ser responsabilizada por ter-se tornado adicta, não se segue que a categoria de pecado seja inaplicável a certos comportamentos que podem emergir da adicção.[13] Ainda assim, claramente a categoria de pecado não pode abranger tudo o que está em jogo nessas situações. Para caracterizar adequadamente tais casos, como sugeriu Cornelius Plantinga, devemos recorrer a alguma categoria mais ampla de mal moral, como a "tragédia".[14]

---

[13] Ver GUDORF, Christine. *Victimization: examining Christian complicity* (Philadelphia: Trinity Press International, 1992).

[14] PLANTINGA, Cornelius Jr. *Not the way it's supposed to be: a breviary of sin* (Grand Rapids: Eerdmans, 1995), p. 139.

Por fim, muitas ocorrências de pecado não são apropriadamente rotuladas como adicção. Se um homem raramente visita sua avó idosa na casa de repouso porque é preguiçoso ou porque não gosta de asilos, ele obviamente não é adicto, mas está obviamente sob o domínio do pecado. Esses vários casos sugerem que, embora as atribuições de pecado e adicção se sobreponham, as categorias não se referem a uma gama idêntica de fenômenos.

Qual é, então, a relação entre o discurso da adicção e o discurso do pecado? Tentei mostrar, nesta seção, que não há nada descrito pela linguagem da adicção que esteja em *contradição* com o que é predito pela doutrina cristã do pecado. Além disso, sugeri que não há nada *surpreendente* sobre a adicção do ponto de vista de uma robusta doutrina do pecado. O qualificador "robusta" é importante aqui, uma vez que a igreja sempre corre o risco de escorregar para uma ou outra visão empobrecida e herética do pecado, variantes do pelagianismo ou do maniqueísmo. O movimento de recuperação da adicção tem sido, de fato, um interlocutor altamente construtivo, na medida em que os teólogos cristãos têm procurado resistir a tais relatos defeituosos do pecado e rearticular, em termos contemporâneos, a doutrina do pecado. Ainda assim, acho que é justo dizer que o discurso da adicção não traz nada que seja genuinamente novo para a doutrina cristã do pecado.

Até agora, demonstrei apenas que é aceitável falar do comportamento adicto incontinente como pecado. Mas não demonstrei que a linguagem do pecado é necessária ou mesmo particularmente útil para descrever e exibir o caráter de tal comportamento.

Chamei a atenção para a maneira pela qual a doutrina cristã do pecado pode acomodar e até mesmo prever descontinuidades entre a escolha autônoma e o comportamento voluntário. Isso mostra que a linguagem do pecado pode acomodar até mesmo os aspectos mais desconcertantes do fenômeno da adicção, mas não mostra que a linguagem do pecado é necessária para explicar o fenômeno. Afinal, as descontinuidades entre o voluntário e o autônomo foram expostas nos primeiros capítulos como explicáveis com base na categoria filosófica do hábito. Até agora, então, não há nada que impeça uma rejeição da linguagem teológica com base no fato de que todos os "ganhos" trazidos por esse tipo de linguagem podem ser facilmente alcançados por meio de um desdobramento da categoria de hábito, sem toda a "bagagem" religiosa adicional que a linguagem do pecado traz consigo. A defesa que apresentei pode justificar que os cristãos continuem a utilizar a linguagem do pecado em referência ao comportamento adicto, mas não faz nada mais do que isso. Tal modesta realização é tudo o que se poderia esperar de uma defesa da adequabilidade da gramática cristã do pecado; para mostrar mais do que isso, é necessário agora um tipo diferente de investigação.

O PECADO COMO CATEGORIA RELIGIOSA

Linda Mercadante argumenta que a supremacia do paradigma da adicção, particularmente nos Estados Unidos, é correlativa à atenuação dos modos teológicos de reflexão sobre a experiência humana: "A expansão da aplicação da metáfora da adicção é também uma resposta a um vácuo teológico criado em parte pelas inseguranças e pelo consequente silêncio das comunidades religiosas à medida que conceitos centrais como pecado tornaram-se inaceitáveis no discurso público".[15] Agora, estamos em posição de perguntar: o deslocamento da linguagem do pecado pela linguagem da adicção resulta em alguma perda? A resposta é sim. A doutrina cristã do pecado nos dá uma visão explicativa e descritiva do fenômeno da adicção, visão esta que não é acessível nos termos completamente naturalizados do discurso da adicção.

Argumentei, no capítulo anterior, que a adicção é uma resposta peculiarmente moderna à perda de uma visão teleológica convincente da natureza e da atividade humanas. Como Alasdair MacIntyre e outros argumentaram, a perda de consenso na modernidade sobre o propósito da existência humana implica que os únicos "bens" com os quais todos podemos concordar são os bens de sobrevivência e liberdade da intromissão de outros em nossos próprios projetos privados. Um desvio ou uma deficiência só podem ser caracterizados tão profundamente ou substancialmente quanto a "norma" em relação à qual se desvia ou se está em falta. Assim, não nos deveria surpreender que o discurso secular só possa caracterizar a adicção normativamente como um desvio ou deficiência, na medida em que a adicção tende a prejudicar nossas chances de sobrevivência e a restringir nossa liberdade de buscar outros projetos que valorizamos.

Se nossa noção do bem e do florescimento humanos se limitar às funções fisiológicas e sociais normais, nossa capacidade de

---

[15] Mercadante, *Victims and sinners*, p. 107.

definir o caráter destrutivo da adicção será igualmente limitada. Além disso, essa visão restrita do florescimento humano fornece àqueles que estão sofrendo com a adicção uma noção empobrecida do que podem esperar. Assim, as pessoas são encorajadas a lutar contra suas adicções para que possam tornar-se "membros produtivos da sociedade". Alasdair McFadyen argumentou que, na ausência da perspectiva eterna implícita na linguagem do pecado, não somos capazes de caracterizar corretamente a "dimensão profunda" das "patologias" mais perversas que encontramos no mundo moderno. Falando particularmente das "patologias" de abuso sexual infantil e do Holocausto, McFadyen apresenta seu ponto de vista com perguntas retóricas persuasivas: "Tudo o que é danificado, distorcido ou perdido pelo abuso é simplesmente o funcionamento normal fisiológico, emocional ou social? E tudo o que se pode esperar de medidas terapêuticas é o retorno dessas funções a um estado normal? A profundidade de sua patologia é adequadamente capturada se o Holocausto for julgado perverso por negar a milhões de seres humanos o direito de manter a vida e evitar danos?".[16]

Gostaria de fazer uma observação semelhante em relação à adicção. Só podemos trazer à tona a dimensão profunda dela colocando-a dentro de um quadro mais amplo de convicções sobre a natureza e o destino humanos. Isso significa que a linguagem do pecado não é apenas *compatível com* o fenômeno da adicção, mas

---

[16] McFadyen, *Bound to sin*, p. 201.

também é *necessária para* uma caracterização da adicção em todo o seu poder profundamente destrutivo.

A categoria de pecado é uma categoria religiosa, e sua função central é falar de Deus e do mundo — especificamente o mundo da atividade humana —, um em relação ao outro. Pois, como McFadyen argumenta, "o pecado é uma linguagem essencialmente relacional, falando da patologia com uma referência embutida e pelo menos implícita à nossa relação com Deus. Referir-se ao que prejudica os seres humanos como pecado é afirmar que o caráter essencial e a característica definidora de tal patologia, por mais que possa ser descrita e identificada em linguagens não teológicas, é teológica: ruptura de nossa relação adequada com Deus".[17] Portanto, falar da adicção na linguagem do pecado não é simplesmente oferecer uma avaliação moral ou ética a respeito da adicção, uma vez que a categoria do pecado não é primariamente uma categoria moral ou ética. Em vez disso, falar de adicção na linguagem do pecado é colocar a adicção dentro de uma compreensão mais ampla da natureza do desejo humano e dos fins para os quais os seres humanos foram criados. Quando falamos da adicção na categoria filosófica do vício, chamamos a atenção para o modo como a adicção constitui uma espécie de deficiência moral, uma ruptura na busca da pessoa humana por seu fim natural ou, na linguagem de Tomás de Aquino, seu fim "apropriado". Mas, quando falamos da adicção na categoria teológica do pecado, chamamos a atenção para a maneira como ela constitui não

---

[17] Ibid., p. 5.

uma deficiência moral, mas sim um afastamento de nosso bem perfeito de amizade eterna com Deus. O surgimento do discurso de adicção está relacionado à perda de um senso generalizado do *telos* transcendente para os seres humanos, mas nos aponta de volta para a necessidade de tal linguagem de transcendência, a fim de dar sentido ao fenômeno que o discurso busca descrever.

ADICÇÃO E ADORAÇÃO
Caritas *e suas falsificações*

VÁRIOS ANOS ATRÁS, um amigo que havia trabalhado em sua pós-graduação como paramédico me contou sobre uma de suas experiências mais terríveis no trabalho. Ele havia recebido uma ligação anônima informando que um adicto em heroína estava à beira da morte em um prédio abandonado. Quando chegou ao apartamento, o homem estava encolhido em um canto, tremendo e sem reação, cercado por pilhas de lixo podre, seringas usadas, isqueiros, colheres — toda a parafernália característica da adicção em heroína. Quando perguntei como havia sido essa experiência, meu amigo disse que tinha sido aterrorizante, mas que também pensou que havia sido provavelmente a primeira vez que ele compreendeu plenamente o que era adoração.

Refleti sobre essa imagem com frequência enquanto lutava com a questão sobre o que a adicção nos ensina sobre nossa natureza como seres humanos. Neste capítulo, quero desenvolver as implicações da percepção de meu amigo de que a adicção é um tipo de adoração. Em um esforço para conectar as categorias de adicção e pecado, quero argumentar que a adicção pode ser interpretada como uma forma falsificada de adoração.

A adicção é um hábito complexo. Como todos os hábitos complexos, incluindo as chamadas "virtudes", a adicção é um modo de comportamento humano que torna certos tipos de bens humanos acessíveis. Entre esses bens, a adicção é especialmente direcionada para a busca de certos bens morais e espirituais. Entre os bens morais buscados pela adicção, o mais importante é um princípio ordenador que possibilita o exercício da razão prática; e, entre os bens espirituais buscados pela adicção, o mais importante é um princípio integrador que torna as atividades imanentes das pessoas humanas significativas à luz de alguma busca transcendente. Em suma, esse é o meu argumento. A última afirmação sobre a relação entre a adicção e os bens espirituais ainda precisa ser defendida.

Se eu puder mostrar que o poder fenomenológico e a profundidade da experiência adicta são exibidos de maneira mais adequada quando entendemos a adicção como uma forma falsificada de adoração, então terei demonstrado como a linguagem do pecado aprofunda e amplia nossa compreensão acerca da adicção. Pois todo pecado, como idolatria, é essencialmente adoração falsificada. Todo pecado é o esforço para atingir, independentemente de Deus, aquele florescimento, integridade de ser e deleite que só podem ser alcançados por meio de um correto relacionamento com Deus. A adoração é o nosso treinamento nesse relacionamento correto e a manifestação deste, portanto, aquelas formas de comportamento humano que meramente imitam a prática da adoração e enganosamente prometem os frutos da adoração correta são expressões da pecaminosidade humana. Assim, demonstrar que a adicção é adoração falsificada é demonstrar que a adicção é pecado e só pode ser entendida adequadamente dentro da categoria teológica do pecado.

Imanência e transcendência

Adoração, defendemos, é o relacionamento correto com Deus e não se restringe ao templo ou à capela, nem aos "devocionais" matinais ou às orações antes de dormir. Antes, a adoração significa a possibilidade desfrutada por pessoas humanas de experimentar e viver seus dias como uma expressão de seu relacionamento com Deus. Quando colocamos o assunto dessa forma, começamos a perceber que a adoração é um mistério. O que significa exatamente preparar uma refeição, cortar a grama ou fazer uma prova como expressão do relacionamento com Deus?

Colocando o ponto de outra forma, Paulo decerto não está falando literalmente quando exorta os fiéis a orar sem cessar (1Tessalonicenses 5.17). Obviamente, também temos outras coisas para fazer. No entanto, a tradição cristã sempre sustentou que a vocação e o privilégio do cristão é viver toda a sua vida, nas palavras do irmão Lourenço, "praticando a presença de Deus". O chamado para a adoração correta, portanto, levanta uma questão: como as práticas imanentes da vida diária devem ser relacionadas à busca transcendente por um relacionamento correto com Deus?

Como já vimos, o problema que essa questão levanta remonta a Aristóteles. Na *Ética a Nicômaco*, ele está preocupado precisamente com a incapacidade de relacionar essas duas dimensões da vida humana. Nos primeiros nove livros da *Ética*, Aristóteles argumenta que a melhor vida humana deve ser alcançada por meio do desenvolvimento das virtudes morais e intelectuais e das atividades práticas que essas virtudes possibilitam — atividades como constituir família, desenvolver amizades e governar cidades. Mas então, no livro X, ele repentinamente declara que a única atividade verdadeiramente adequada à vida de florescimento humano é a prática da *theoria*, contemplação e serviço do divino. Em nenhum lugar da *Ética* somos informados sobre como esses dois tipos muito diferentes de atividades devem ser ordenados ou integrados. Como Thomas Nagel comenta ironicamente, se no final o único empreendimento que vale a pena é a *theoria*, então parece que Aristóteles acredita "que a vida humana não é suficientemente importante para os humanos gastarem sua vida com ela".[1] Há, então, certa lacuna no relato de Aristóteles sobre a boa vida, porque ele falha em explicar como a vida de ação prática deve ser integrada à contemplação e ao serviço de Deus.

Essa lacuna no relato de Aristóteles sobre a vida plena encontra uma resposta definitiva no pensamento cristão de Tomás de Aquino, pois é este que fornece uma explicação profunda tanto sobre os modos como a vida da atividade prática se integra à busca humana do divino quanto sobre os meios pelos quais os vários bens da vida humana podem ser corretamente ordenados para

---

[1] NAGEL, Thomas. "Aristotle on eudaimonia" em *Essays on Aristotle's ethics*, ed. Amelic O. Rorty (Berkeley: University of California Press, 1980), p. 11.

alcançar essa integração. A explicação fornecida por Tomás de Aquino está enraizada em seu relato das virtudes teologais — fé, esperança e amor. Mas sua explicação se apoia mais fortemente na virtude teológica do amor, que é a virtude sobrenaturalmente infundida que capacita os seres humanos para a participação na vida de Deus e, assim, ordena cada uma das outras virtudes a Deus. A palavra usada por Tomás de Aquino para se referir a essa virtude do amor é *caritas*, ou "caridade".

A fim de dar continuidade à minha tese de que a adicção é uma forma de adoração falsificada, quero explorar a seguinte questão: o que habilita a caridade a desempenhar esse papel integrador e ordenador, e poderia a adicção desempenhar papel semelhante? Em outras palavras, a adicção capacita o adicto a integrar o imanente e o transcendente de maneiras que imitam a função da virtude da caridade? Minha tese é que a profundidade e o poder da adicção entram em foco quando reconhecemos como a adicção é uma falsificação da virtude da caridade.

Obviamente, um pressuposto cristão orienta meu argumento, e é simplesmente o pressuposto de que existe uma realidade transcendente e que as pessoas humanas possuem desejos direcionados a essa realidade. Não há necessidade de justificar tal suposição em bases cristãs, uma vez que a transcendência é uma afirmação fundamental da revelação cristã. Meu argumento poderia, entretanto, ser tomado como uma espécie de apologética indireta a tal suposição, pois, se a adicção pode ser compreendida como uma estratégia para integrar o imanente e o transcendente na vida humana, então a esmagadora realidade da adicção talvez sugira que uma orientação para o transcendente é uma característica fundamental da natureza humana.

O Ocidente pré-cristão não sabia como integrar a busca humana da felicidade imanente e a felicidade transcendente, e o Ocidente cristão afirmava fornecer uma resposta a essa questão. Mas o mundo pós-cristão em que vivemos agora é caracterizado por uma suspeita ou rejeição da transcendência como um todo. A busca pós-cristã de plenitude e realização, então, foi reduzida a um projeto de imanência, e meu argumento dará suporte à tese de que a adicção é um produto desse favorecimento moderno da imanência em detrimento da transcendência. Os adictos podem ser nossos profetas modernos mais enérgicos e eloquentes, lembrando-nos do perigo que a negação do transcendente traz. Por isso, examinemos mais de perto a virtude teológica da caridade, procurando compreender como ela institui um vínculo entre a busca humana de realização imanente e da realização transcendente.

Tomás de Aquino sobre caridade

A caridade, Tomás de Aquino nos diz, é a amizade entre os seres humanos e Deus. É uma amizade baseada na comunicação de Deus de sua felicidade aos seres humanos. Mais especificamente, a caridade é "o amor fundamentado nessa comunhão" (2-2.23.1). Para Tomás de Aquino, ela está preeminentemente fundamentada no movimento de Deus em direção às pessoas, e não no esforço das pessoas por Deus. A caridade "não se fundamenta principalmente na virtude do homem, mas na bondade de Deus". É, portanto, uma "virtude infundida", para a qual os seres humanos não têm uma capacidade "natural" (2-2.24.2). Falar de uma virtude como "infundida" é apontar que sua realização depende da obra do Espírito Santo; por um ato de graça sobrenatural, Deus preenche a alma sequiosa com o amor que atrai a alma a ele.[2] Assim, a caridade é uma "virtude sobrenatural" porque direciona as pessoas ao seu fim sobrenatural de comunhão com Deus. É a mais forte e mais intensa de todas as virtudes, incluindo as outras virtudes sobrenaturais da fé e da esperança: "nenhuma virtude tem tão grande inclinação para o seu ato quanto a caridade, e não há nenhuma que opere de modo tão deleitável" (2-2.23.2).

Como, para Tomás de Aquino, a virtude da caridade torna possível que participemos de uma relação com Deus? Afinal, Deus é infinito e nós, finitos. Não somos capazes de compreender ou entender Deus. Como, então, podemos amá-lo? Além

---

[2] A linguagem de "virtude infundida" não deve ser confundida com a linguagem da "justiça infundida". A última locução pertence à questão da justificação e destaca uma área de conflito entre a teologia católica romana e a teologia protestante. Enquanto os protestantes historicamente afirmam que os crentes são aceitos por Deus porque a justiça de Jesus é "imputada" a eles como se fosse deles, os católicos sustentam que os crentes são aceitos por Deus porque a justiça é "infundida" neles como um dom da fé. A linguagem da "virtude infundida", no entanto, aborda o tema da santificação cristã. É uma tentativa de descrever como o processo de santificação envolve uma reforma genuína do crente, embora permaneça em cada passo totalmente dependente do movimento preveniente de Deus em direção aos seres humanos. Dizer que a mudança é "infundida" é insistir que é um dom do Espírito Santo; dizer que o dom é uma "virtude" é insistir que ele efetua uma transformação genuína no caráter do crente.

disso, como a caridade integra nossos esforços práticos nesse relacionamento com Deus? Afinal, nossas buscas práticas e suas correspondentes virtudes morais e intelectuais são direcionadas a bens finitos, enquanto nossa busca por Deus é direcionada a um bem infinito.

Tomás de Aquino responde a essas perguntas propondo que a caridade não está na faculdade intelectiva, mas sim na faculdade apetitiva, e esta difere, para Tomás de Aquino, em um aspecto muito importante da faculdade intelectiva: a faculdade apetitiva é infinita. Tomás de Aquino coloca isso sucintamente: "A concupiscência racional [desejo] é absolutamente infinita" (1-2.30.4). Cada um de nós tem anseios que, segundo ele, não podem ser saciados por nada que seja finito. Paul Wadell explica o significado da posição de Tomás de Aquino:

> Se a graça parte do lado de Deus, o desejo parte do nosso. Tomás admite que, se fôssemos finitos em todos os sentidos, Deus não poderia ser nossa alegria, pois não podemos "alcançar mais bens" do que podemos suportar. Mas há, ele afirma, um modo em que não somos finitos: temos um desejo ilimitado. Somos limitados em todos os sentidos, mas temos um desejo ilimitado, anseio ilimitado. Nosso desejo é a única coisa sobre nós que não é restrita, e sabemos disso. Sentimos a fome contínua por algo infinitamente bom, somos perseguidos pelo anseio por algo perfeitamente bendito e precioso. Embora sejamos limitados, queremos um bem ilimitado; embora sejamos restritos,

queremos amar sem restrições. É por isso que Tomás diz que "podemos alcançar o infinito" (1-2.2.8). Buscamos o infinito pela abertura do desejo, e somente algo indefectivelmente bom satisfará esse desejo.[3]

Assim, a caridade estabelece a possibilidade de um relacionamento real com Deus, porque ela direciona o desejo humano infinito ao Bem Infinito, o único que pode satisfazer esse desejo.

Além disso, o amor de Deus tornado possível pela caridade flui externamente e se expressa em um amor pelas outras coisas: "Nesse sentido, portanto, deve-se dizer que o amor, ato da potência apetitiva, inclina-se primeiramente para Deus, mesmo na vida presente, dele derivando para as demais coisas. Assim, a caridade ama a Deus de modo imediato, e as outras coisas a partir dele" (2-2.27.4). Como Tomás de Aquino explica: "Deus é o objeto principal da caridade, e o próximo é amado em caridade por causa de Deus" (2-2.23.5). A vida da caridade não envolve, portanto, uma separação entre o transcendente e o imanente; mas, ao contrário, estabelece um vínculo entre os dois. O movimento em direção a Deus que é constitutivo da caridade não implica um movimento de afastamento daquilo que é terreno, mas um movimento mais pleno também para os bens deste mundo. Dessa forma, a caridade vence a descontinuidade entre o valor imanente e o

---

[3] WADELL, Paul J., C.P. *The primacy of love: an introduction to the ethics of Thomas* (New York: Paulist Press, 1992), p. 61.

transcendente que notamos na explicação de Aristóteles sobre a felicidade humana.

Além disso, como amamos as coisas deste mundo por causa caridade, nossa atividade nos transforma no amor que buscamos ser. Para Tomás de Aquino, não se trata simplesmente que, ao amar a Deus corretamente, amamos todas as outras coisas corretamente; na verdade, como amamos outras coisas de maneira correta, essas atividades mais comuns transfiguram nossos desejos, tornando-nos cada vez mais abertos e submissos ao amor com o qual Deus nos agracia.

Como a caridade torna possível essa integração, ela constitui também um princípio organizador que, de outra forma, não está presente entre as virtudes morais. Tomás de Aquino afirma diretamente que "nenhuma ordem é atribuída às outras virtudes" (2-2.26.1), e essa é de fato uma preocupação que incomodou os comentaristas modernos da tradição da ética da virtude. Para ele, no entanto, a caridade corrige a falta de um princípio organizador entre as virtudes naturais e realiza isso porque informa e ordena todas as outras virtudes. Sem a caridade, na visão de Tomás de Aquino, as virtudes carecem do tipo específico de direcionamento que elas exigem, mas a caridade proporciona precisamente essa direção ao ordenar as outras virtudes para um fim comum: "deve-se dizer que a caridade é considerada o fim das outras virtudes, porque as ordena para seu fim próprio. E, sendo a mãe aquela que concebe em si mesma e por um outro, pode-se dizer que a caridade é a mãe das outras virtudes porque, pelo desejo do fim último, concebe os atos das demais virtudes, governando-os" (2-2.23.8).

Tomás de Aquino fornece vários exemplos da maneira como a caridade ordena as outras virtudes. É-nos dito que "a razão de amar o próximo é Deus; pois o que devemos amar no próximo é que ele esteja unido com Deus" (2-2.25.1) e que "pode-se, contudo, amar as criaturas irracionais, pela caridade, como bens que desejamos para os outros, enquanto, pela caridade, queremos que elas sejam conservadas para a honra a Deus e a utilidade dos homens" (2-2.25.3). A caridade faz com que amemos a nosso próximo, a nós mesmos, a nossos inimigos, a nossos corpos e às criaturas irracionais corretamente, ordenando todos esses amores a um amor mais fundamental a Deus (2-2.25).

É importante ressaltar que a caridade não opera como algum princípio abstrato por cuja aplicação especulamos sobre a ordem correta da vida da virtude prática. Antes, a virtude sobrenatural da caridade vem com esse ordenamento implícito, por assim dizer. À medida que crescemos em caridade e nosso amor a Deus se torna mais intenso, afirma Tomás de Aquino, a ordem correta de todos os outros amores ocorre naturalmente. A caridade, portanto, simplifica profundamente a vida moral, não tornando a prática da virtude moral irrelevante para a vida da *eudaimonia*, mas, antes, habituando-nos a ordenar corretamente essas práticas, bem como determinar corretamente o significado dos bens finitos desta vida.

Adicção e caridade

Não sou o primeiro a sugerir uma conexão entre a adicção e a busca da humanidade pelo transcendente. O eminente psicólogo suíço Carl Jung, que desempenhou um papel significativo, embora não intencional, na formação do Alcoólicos Anônimos,[4] julgava que o "anseio [viciado] por álcool era equivalente, em um nível mais baixo, à sede espiritual de nosso ser por plenitude; expresso em linguagem medieval: a união com Deus".[5] Jung considerava significativo que o termo latino para "álcool" fosse *spiritus*: "Você usa a mesma palavra para a experiência religiosa mais elevada e para o veneno mais depravador. A fórmula útil [para a recuperação] é, portanto: *spiritus contra spiritum* (espírito contra espírito)".[6] Podemos tentar expandir a afirmação promissora, embora enigmática, de Jung, exibindo as semelhanças entre o hábito teológico da caridade e o hábito da adicção.

Tomás de Aquino diz que a caridade ordena a vida moral porque é a forma de todas as virtudes. Ele diz que "caridade não

---

[4] Foi relatado a Bill Wilson que Jung havia dito a um de seus pacientes alcoólatras que não havia para ele, como para outros alcoólatras crônicos, nenhuma esperança de recuperação, exceto a rara possibilidade de que ele "se tornasse o sujeito de uma experiência espiritual ou religiosa: em suma, uma conversão genuína". Em uma carta a Jung, que pode ser encontrada junto com a resposta dele em *The language of the heart: Bill W.'s Grapevine writings* (New York: The AA Grapevine, 1988), p. 276-81, Bill Wilson afirma que foi a severidade desse conselho que o incitou à sua própria conversão e à formulação final da primeira etapa do AA. Os dois "avôs" do AA são, portanto, Carl Jung e William James, cujo *The varieties of religious experience* (New York: Mentor, 1958) foi a outra fonte do princípio central do AA de que a recuperação do alcoolismo geralmente requer algum tipo de "experiência de conversão". Ver CHEEVER, Susan. *My name is Bill* (Nova York: Simon & Schuster, 2004), para um relato dos papéis de Jung e James na criação do AA.

[5] Citado em SEEBURGER, Francis. *Addiction and responsibility: an inquiry into the addictive mind* (New York: Crossroad, 1993), p. 105.

[6] Ibid.

é chamada forma das outras virtudes de modo exemplar ou essencial, mas, antes, de modo efetivo, por lhes impor a forma" (2-2.23.8). Como uma virtude pode ser a causa eficiente de outra? Tomás de Aquino oferece o seguinte cenário pitoresco para mostrar como uma virtude pode ser a causa de outra: "Se um homem comete adultério por causa do lucro e ganha dinheiro com isso, enquanto outro o faz dominado pelo apetite, embora perca dinheiro e seja penalizado por isso, o último seria considerado autoindulgente em vez de ganancioso, porém o primeiro é injusto, mas não autoindulgente" (1-2.18.6). Para esclarecer: no caso do homem que comete adultério por causa do lucro, o vício da avareza faz com que o vício da luxúria suscite a ação do adultério. No caso do homem que esbanja dinheiro na busca de um relacionamento adúltero, o vício da luxúria comanda o vício da prodigalidade para provocar a ação da irresponsabilidade financeira.

Da mesma forma, a caridade comanda as outras virtudes a agirem direcionadas para o fim que a caridade busca. Ela comanda atos de justiça, temperança, coragem, e assim por diante, *em prol* da realização do objetivo da caridade, a amizade com Deus. Dessa forma, a caridade ordena todas as virtudes. Fornece o direcionamento específico para um fim substancial unificado, que, de outra forma, falta às virtudes, porque, na melhor das hipóteses, são direcionadas para um fim abstrato (felicidade ou *eudaimonia*), que está sempre aberto a especificações alternativas.

As adicções exercem enorme controle sobre as pessoas humanas, em parte porque suprem essa necessidade de um princípio organizador. Como a caridade de Tomás de Aquino, a adicção é um hábito que comanda todas as demais atividades de uma pessoa e direciona cada uma delas para um fim unificado e substancial. A pessoa nas garras de uma adicção profunda descobre que opera em um terreno moral profundamente simplificado, no qual toda atividade, todo relacionamento, todo objeto de valor é reinterpretado e investido de significado apenas à medida que se relaciona ao fim da prática da adicção. Ouça, por exemplo, os seguintes testemunhos:

> Era assustador que a bebida estivesse substituindo mais e mais as coisas que eu realmente gostava de fazer. Golfe, caça, pesca, agora, eram apenas desculpas para beber em excesso [...] Nunca tendo o suficiente, sempre desejando mais, a obsessão pelo álcool gradualmente começou a dominar todas as minhas atividades, principalmente durante as viagens. O planejamento da bebida tornou-se mais importante do que outros planos (AA 349).

> Eu tinha entrado na vida de bebida. Beber fazia parte de ser homem. Beber era parte integrante da sexualidade, facilitando a entrada em suas escuras e misteriosas câmaras de tesouro. Beber era a liga sacramental de amizades. Beber era a recompensa pelo trabalho, combustível para a celebração, o consolo para a morte ou para a derrota.[7]

---

[7] HAMMILL, Pete. *A drinking life: a memoir* (Boston: Little, Brown, 1994), p. 146-47.

Ainda hoje, lembro-me vividamente de como era organizar toda a minha vida em torno do tabagismo. Quando as coisas corriam bem, eu pegava um cigarro. Quando as coisas iam mal, eu fazia o mesmo. Eu fumava antes do café da manhã, depois da refeição, quando bebia, antes de fazer algo difícil e depois de fazer algo difícil. Sempre tive uma desculpa para fumar. Fumar tornou-se um ritual que serviu para destacar aspectos saudáveis da experiência e impor uma estrutura ao que, de outra forma, teria sido um pântano confuso de eventos. Fumar forneceu vírgulas, pontos e vírgulas, pontos de interrogação, pontos de exclamação e pontos finais da experiência. Isso me ajudou a adquirir um sentimento de senhorio, um sentimento de que eu estava no comando dos eventos em vez de me submeter a eles. Essa ânsia por cigarros equivalia a um desejo por ordem e controle, não por nicotina.[8]

Conforme cada um desses testemunhos demonstra, a adicção simplifica e ordena a vida, estreitando o foco da pessoa adicta em um objeto, um "fim último". Esse fenômeno às vezes é ignorado por causa da definição contemporânea de adicção em termos de "perda de controle", mas o que cada um desses depoimentos deixa claro é que a atração da adicção reside precisamente em sua capacidade de dar à pessoa adicta a sensação de estar no controle de sua vida e de ser capaz de analisar e avaliar todos os cursos de ação

---

[8] ELSTER, Jon. *Strong feelings: emotion, addiction, and human behavior* (Cambridge: MIT Press, 1999), p. 64.

possíveis em termos de um fim definido que sobrepuja todos os outros concorrentes por gerar fidelidade absoluta.

Paradoxalmente, a pessoa adicta perde o controle sobre sua adicção exatamente à medida que o poder de ordenação e controle da adicção se insinua em sua cosmovisão. Essa é uma das fontes da profunda ambivalência característica da adicção severa. Por meio de deliberação e persuasão racionais, o agente pode vir a acreditar que a adicção destruiu sua vida ao arrancar-lhe o controle. Mas a mente habituada não é facilmente convencida, pois é precisamente por causa de seu poder de ordenar e controlar que o objeto de desejo se tornou um objeto viciante. Quando William Burroughs descreve a vida da pessoa adicta em heroína como "medida em gotículas de solução de morfina",[9] é provável que recuemos enojados. Não conseguimos reconhecer, no entanto, que a força da adicção reside não principalmente na heroína ou nos prazeres sensoriais que ela proporciona, mas sim na simplicidade e na beleza de ter uma vida medida por um padrão, harmonizado com uma melodia, dirigido a um fim.

Objetos viciantes são viciantes porque permitem que as pessoas regulem suas vidas. É por isso que, entre as várias classes de substâncias que alteram a mente, muito poucas pessoas são adictas em alucinógenos como LSD ou mescalina. Os alucinógenos são imprevisíveis em seus efeitos, de modo que o usuário nunca pode saber que tipo de "viagem" esperar. Como os alucinógenos não podem fornecer uma experiência regular, não podem regular

---

[9] BURROUGHS, William. *Junky* (New York: Penguin Books, 1977), p. xvi.

o restante da experiência. Eles carecem da mesmice e da singularidade da experiência à luz da qual uma pessoa adicta pode vir a compreender e interpretar o valor do restante de sua atividade. É porque os alucinógenos não podem fornecer a "mesmice artificial" — a qual, de acordo com Stanton Peele, "é a tônica da experiência viciante" — que raramente desencadeiam o hábito ordenador da adicção.[10]

Compreender o poder ordenador e regulador da adicção nos coloca em posição de entender os tipos de "desculpas" esfarrapadas que os alcoólatras e outras pessoas com adicções encontram para se envolverem em comportamento adicto. A literatura do AA lembra repetidamente os alcoólatras em recuperação desse perigo: "Nós tínhamos tornado a invenção de desculpas uma bela arte. Tínhamos de beber porque os tempos eram difíceis ou porque eram bons. Tínhamos de beber porque em casa estávamos sufocados com amor ou porque não o recebíamos. Tínhamos de beber porque no trabalho éramos grandes sucessos ou fracassos terríveis. Tínhamos de beber porque nossa nação havia vencido uma guerra ou perdido a paz. E assim era, *ad infinitum*" (DD 47).

Se *qualquer coisa* pode ser usada como desculpa, então nada parece legítimo. Mas há mais coisas acontecendo aqui do que a mera invenção de álibis. O fato de que qualquer coisa pode contar como uma desculpa é uma função do poder que a adicção tem de incorporar todos os aspectos da vida de uma pessoa adicta em

---

[10] PEELE, Stanton; BRODSKY, Archie. *Love and addiction* (New York: Signet, 1975), p. 52.

seus próprios ritmos e em suas próprias lógicas. Para o alcoólatra, os bons momentos são *realmente* vazios sem álcool, os tempos difíceis são insuportáveis sem álcool, a solidão deixa de ser solidão com o álcool, os relacionamentos amorosos são mediados pelo álcool, o sucesso só pode ser celebrado com o álcool, a rejeição só pode ser evitada com o álcool, e assim por diante. Ser um alcoólatra é entrar em uma relação com o álcool de tal maneira que tudo o mais na vida só faz sentido se for acompanhado pelo álcool. Como a caridade de Aquino, a adicção transfigura as atividades mais ordinárias em transações significativas.

Aristóteles afirma que a prática da *theoria* é a melhor de todas as atividades humanas porque, entre outras razões, "é a mais contínua, pois podemos contemplar a verdade mais continuamente do que podemos *fazer* qualquer outra coisa" (1177a22-24). Mas, mesmo que seja a forma de atividade mais contínua para Aristóteles, ela não é totalmente contínua e é interrompida por termos de "fazer" coisas. No entanto, a caridade resolve essa ruptura. Quando infundidas com caridade, as "ações" de um agente não são meramente instrumentais para alguma atividade separada da caridade, mas são parcialmente constitutivas da caridade, pois fazer coisas por caridade é tanto uma expressão quanto um crescimento da amizade do agente com Deus. Mesmo que Aristóteles elogie a *theoria* como a atividade "mais contínua" disponível para os seres humanos, ele teria considerado estranho e irresponsável aconselhar alguém a "contemplar continuamente", pois mesmo a pessoa mais virtuosa tem de sobreviver, e as coisas necessárias para a sobrevivência não podem contar como contemplação. Mas, dado que as atividades práticas podem ser realizadas na caridade, Tomás de Aquino não acha estranho ou irresponsável quando Paulo aconselha os fiéis a "orar sem cessar" (1 Tessalonicenses 5:17).

Se a natureza informativa da caridade torna possível a admoestação, de outra forma impossível, de Paulo de "orar continuamente", a natureza informativa da adicção torna possível o que os alcoólatras chamam de *"thinking drinking"* [pensar em beber continuamente] — a incrível capacidade do alcoólatra de orientar todos os seus pensamentos e atividades em torno do centro governante da adicção.

> Minha amiga Gail, que é *chef* profissional, costumava levantar-se às cinco da manhã e ficar no chuveiro obcecada com o que beberia naquela noite, e quando seria capaz de beber, e como, quanto e com quem. Ela fazia isso diariamente, obcecada no chuveiro por causa da bebida, todas as manhãs, às cinco da manhã.[11]

> Eu tinha vivido minha vida inteira sob a influência de substâncias que alteram o humor e a mente. Não que eu estivesse drogado a cada minuto do dia; às vezes ficava limpo por vários dias seguidos —, mas minha obsessão com as drogas alterava minha perspectiva e meus sentimentos sobre tudo, incluindo meu amor por Mary, meu

---

[11] KNAPP, Caroline. *Drinking: a love story* (New York: Dial Press, 1996), p. 141.

relacionamento com meus pais e irmãos, meu trabalho, minha alma, até mesmo meu Deus. Eu não havia virado um adicto — a adicção é que virou o meu *eu*.[12]

A adicção explora "a necessidade instintiva de concentração; destila a complexidade da experiência humana em algo essencialmente simples; canaliza todas as necessidades em uma".[13] Essa é a marca da adicção, às vezes chamada de obsessão, mas a obsessão não exclui, como a *theoria* de Aristóteles, todos os outros objetos ou atividades da consciência de um agente. Em vez disso, a obsessão, como a *caritas*, transfigura todos os outros objetos ou atividades à sua própria imagem e se apropria deles para seus próprios fins.

Por fim, voltemo-nos para mais uma analogia surpreendente entre caridade e adicção. Tomás de Aquino afirma que a caridade está condicionada à infinitude do desejo humano. Como "a concupiscência racional [desejo] é absolutamente infinita", apenas a caridade, a comunhão com o infinito, pode satisfazer nossa fome de plenitude: "Buscamos algo tão amável, que, ao possuí-lo, não desejemos mais nada", como diz Paul Wadell.[14] A caridade é capaz de proporcionar essa satisfação, porque oferece um bem que excede a capacidade humana natural para a felicidade. De que

---

[12] COPE, William; KETCHAM, Katherine. *Broken: my story of addiction and redemption* (New York: Viking, 2006), p. 140.

[13] PRYOR, William. *Survival of the coolest: an addiction memoir* (Bath: Clear Press, 2003), p. 132.

[14] Wadell, *Primacy of love*, p. 39.

forma a adicção é uma busca por essa completude e, além disso, uma expressão da convicção de que tal complemento está, em um sentido muito real, além de nossas limitações humanas naturais?

Já observamos a opinião de Jung sobre esse assunto; ele acreditava que a adicção era de fato uma função da "sede espiritual de nosso ser por plenitude; expressa em linguagem medieval: a união com Deus". A esse respeito, podemos citar vários testemunhos de pessoas adictas:

> A maioria dos alcoólatras que conheço experimenta essa fome muito antes de tomar o primeiro gole, aquele anseio por *algo*, algo fora de si que proporcionará alívio, consolo e bem-estar.[15]

> Antes do AA, estávamos tentando beber Deus em uma garrafa.[16]

> [Desejos adictos] têm mais que ver com a alma do que com o cérebro. Eles iluminam o anseio por totalidade, por perfeição, por fazer tudo parecer bem e certo novamente. Trata-se da mais profunda fome e sede humana de experimentar o êxtase, a alegria, o céu.[17]

---

[15] Knapp, *Drinking*, p. 55.

[16] Bill Wilson citado por NELSON, James. *Thirst: God and the alcoholic experience* (Louisville: Westminster John Knox Press, 2004), p. 27.

[17] Moyers, *Broken*, p. 207.

Para colocar esses testemunhos nos termos de Tomás de Aquino, pessoas adictas são aquelas que parecem incapazes de negar que "a concupiscência racional [desejo] é absolutamente infinita". O profundo anseio pela plenitude, que é característico da adicção, se manifesta no extremismo, no perfeccionismo e na busca pela realização extasiante, cada um dos quais se assemelha estreitamente às características da caridade.

Tomás de Aquino afirma que, ao contrário de nossos outros apetites — apetites por comida, sexo, riqueza, e assim por diante —, nosso apetite por Deus não precisa, na verdade não deve, ser submetido a moderação nenhuma. Temperança é amar os prazeres sensoriais do paladar e do tato com moderação. Justiça é amar com moderação o bem do outro. Coragem é amar os bens da vida e a honra com moderação. Mas caridade é amar a Deus sem moderação. De fato, o amor incomensurável a Deus, que é a caridade, visto que ordena apropriadamente todos os outros atos para o seu fim, tem a qualidade de ser o padrão imponente sobre todos os outros hábitos. Se amarmos a Deus sem limites, pensa Tomás de Aquino, descobriremos que amamos todos os outros bens proporcionalmente. A caridade, portanto, nos direciona para um objetivo que devemos buscar sem restrições, e a caridade nos promete que o extremismo nessa direção se traduzirá em ação correta em todas as outras direções.

A adicção é, por definição, um hábito do extremismo: "Suficiente? Essa é uma palavra estranha para um alcoólatra, absolutamente desconhecida. Nunca há o suficiente, ou algo similar a isso [...] Mais é sempre melhor para um alcoólatra; mais é necessário.

Por que tomar dois drinques se você pode beber três? Três, se você pode beber quatro? Por que parar?".[18] Não existe tal coisa como "mais ou menos" adicto ou como uma "adicção moderada".

O extremismo da adicção é uma expressão de alguma qualidade sobrepujante ou superior do fim que é buscado? O que, exatamente, as pessoas adictas procuram quando se envolvem em um comportamento adicto? Parte do propósito do meu argumento foi demonstrar que as pessoas com adicções estão em busca de um tipo de ordem e integridade que parece anestesiá-las em seu dia a dia, seja pela arbitrariedade e pela fragmentação da cultura moderna, seja por causa de algum anseio mais profundo e transcendente. O que parece claro é que a busca adicta é uma busca por algo além do cotidiano, do comum, dos pequenos prazeres da rotina diária. Francis Seeburger argumenta: "Um adicto é uma pessoa que quer mais. Não mais do mesmo, mais da rodada diária de ganhos e perdas, de bens e serviços que bastam para a maioria de nós na maioria das vezes, mas 'mais' no sentido de algo totalmente diferente, algo que já não é mensurável por esses padrões cotidianos — algo 'mais' do que tudo isso".[19]

Poderíamos dizer que os adictos são pessoas insatisfeitas com a boa vida que é encorajada por Aristóteles e que, em última análise, é rejeitada por Tomás de Aquino como uma forma meramente aproximada de felicidade. O desejo adicto não é *por* qualquer bem imanente, mas sim *contra* todo bem meramente imanente e por um bem que está além daquilo que é meramente

---

[18] Knapp, *Drinking*, p. 53.
[19] Seeburger, *Addiction and responsibility*, p. 114.

imanente. Em vez de uma aproximação ou apenas uma medida de felicidade, pessoas adictas procuram a perfeição da felicidade. Adictos são, como o AA os descreve, "pessoas de tudo ou nada" (DD 161). Eles buscam felicidade abrangente, nada menos do que contentamento perfeito. É por isso que a abstinência parece ser a única resposta realmente bem-sucedida à adicção.

Pessoas adictas simplesmente não estão interessadas em imaginar uma vida na qual seus fins são buscados de maneira moderada, em que os bens do comportamento adicto são diluídos e intercalados com prazeres mais mundanos na tentativa de fornecer um modo de vida administrável: "Para mim, a ideia de que um alcoólatra em formação pode aprender a beber moderadamente soa como uma contradição em termos (eu raramente, ou nunca, bebi moderadamente, mesmo no início). Também parece ignorar as tendências compulsivas mais profundamente enraizadas que um alcóolatra sente em relação ao álcool; são necessidades que não respondem bem ao conceito de moderação".[20] Tomás de Aquino diria o mesmo de nosso desejo por Deus: essa não é uma necessidade que responde bem à moderação.

A busca adicta de algo "mais do que tudo isso", algo além das limitações do eu, é, em última análise, uma busca pelo êxtase. Estou usando "êxtase" aqui em seu sentido formal, denotando um "estar fora de si mesmo", um "*ek-stasis*". A caridade e as virtudes teologais em geral são virtudes *extáticas*, pois o agente que recebe esses hábitos é, ao mesmo tempo, o sujeito *e* o objeto do hábito.

---

[20] Knapp, *Drinking*, p. 119.

A caridade, por exemplo, é inerente à alma de um agente, mas a ação possibilitada pelo hábito da caridade é realmente uma ação derivada, que deriva de uma atividade mais fundamental da parte de Deus. Ela só é possível enquanto Deus continuar a derramar seu amor eternamente autossuficiente na alma daquele de quem se tornou amigo. É, portanto, um hábito que se *recebe* fundamentalmente e que se *expressa* derivativamente.

A caridade é, portanto, a realização do êxtase, o movimento além dos limites do eu para uma realidade que engloba o eu, mas não é contida pelo eu. É por isso que Tomás de Aquino fala da caridade como um hábito de "participação" (2-2.24.5). Enquanto as virtudes morais fortalecem e solidificam a ação daquele que as *possui*, a caridade desloca a ação daquele em quem ela é "derramada", *tomando posse* do agente.

A adicção, como a caridade, é um hábito de êxtase. Bruce Wilshire afirma que "as adicções são atos violentos contra a nossa própria insignificância".[21] Se Wilshire estiver certo sobre isso, então a designação "abuso de drogas" é um eufemismo; em vez disso, alguma forma de "autoabuso" é o que acontece. Embora Wilshire argumente que a maneira de superar a adicção seja lidar com nosso próprio significado, uma interpretação diferente é possível. Pois pode ser que sejamos, relativamente falando, insignificantes. E, além disso, podemos acreditar corretamente que o contentamento pelo qual ansiamos realmente está fora de nós mesmos, realizado apenas por meio de algum movimento

---

[21] WILSHIRE, Bruce. *Wild hunger: the primal roots of modern addiction* (Lanham: Rowman and Littlefield, 1998), p. 14.

extático. Essa foi a posição de Agostinho, e a maneira como ele expressa sua opinião é de particular interesse para nossa investigação. Agostinho ora: "Tu o incitas para que sinta prazer em louvar-te; fizeste-nos para ti, e inquieto está o nosso coração, enquanto não repousa em ti [...] Quem me fará descansar em ti? Quem fará com que venhas ao meu coração e o *inebries* a ponto de eu esquecer os meus males, e me abraçar a ti, meu único bem?".[22]

A adicção, então, pode ser entendida como a busca por essa intoxicação extática. A pessoa adicta, reconhecendo sua própria insignificância e insuficiência para alcançar a felicidade perfeita, busca ser levada a uma experiência imersiva, anseia ser o objeto, e não o sujeito da experiência, anseia por sofrer ou receber a felicidade em vez de produzi-la. Existe, então, um paralelo notável entre o santo e o adicto. Como Francis Seeburger afirma:

> O verdadeiro oposto do adicto não é o santo, mas a pessoa morna, complacente e confortavelmente "decente" representada pelo jovem rico do Evangelho [...] O alcoólatra ou outro adicto fica na sombra do santo. Em contraste, aqueles que nunca foram adictos apenas porque não possuem paixão suficiente não estão nem mesmo nas proximidades da santidade.[23]

A atração da adicção é essa atração pelo êxtase, a expressão de um profundo descontentamento com a vida de felicidade

---

[22] Agostinho, *Confissões*, I.i (1), v (5), grifo meu.
[23] Seeburger, *Addiction and responsibility*, p. 108, 112.

"média", e a busca de um amor arrebatador. Isso pode explicar por que tantos que não possuem o desespero ou a coragem de buscar o êxtase por meio de uma adicção profunda ficam, no entanto, tão impressionados pela leitura de memórias sobre adicções. Testemunhe o fascínio nacional pelas memórias de adicção de James Frey, de 2005, *A million little pieces* [Um milhão de pedacinhos], que, depois de ser elevado à condição de livro do mês de Oprah Winfrey, foi descoberto como uma fraude.[24] É sugestivo perguntar por que poderia ser tão lucrativo escrever ou mesmo inventar um livro de memórias sobre adicções. Sugiro que tem algo a ver com a busca humana fundamental por um acesso extasiante à realização transcendente e perfeita.

As adicções são viciantes apenas na medida em que nos tentam com a promessa de uma felicidade extremamente perfeita, e são escravizadoras apenas quando imitam e oferecem impressões dessa perfeição. A profundidade e o poder da adicção se tornam mais inteligíveis conforme passamos a ver a adicção como uma falsificação da virtude da caridade. Como tal, a adicção é apropriadamente descrita como um fracasso na adoração, uma expressão potente de idolatria na qual buscamos no plano imanente aquilo que só pode ser alcançado no relacionamento com o Deus transcendente. A sedução e o fascínio da adicção são de fato evidenciados apenas à medida que vemos como a adicção, de maneira impressionante, permite que os adictos alcancem o simulacro dos bens que a adoração correta torna possível. Tal

---

[24] FREY, James. *A million little pieces* (New York: Anchor, 2005).

exibição demonstra que a adicção pode ser mais apropriadamente caracterizada como uma representação do esforço das pessoas humanas de alcançar por si mesmas o florescimento, a integridade do eu e o deleite extático que só podem ser recebidos por meio do relacionamento correto com Deus.

Adicção como estilo de vida

Antes de voltar ao tema da recuperação, quero encerrar este capítulo amarrando todos os fios do argumento que venho tecendo. Em *Os doze passos e as doze tradições*, lemos: "Declaramos que éramos vítimas de uma obsessão mental tão sutilmente poderosa, que nenhuma força de vontade humana poderia vencê-la" (DD 22). Tentei fornecer uma explicação das maneiras pelas quais a adicção, sutil mas poderosamente, recruta a lealdade da racionalidade e, assim, torna-se uma "obsessão mental". E acredito que esse relato nos coloca em posição de compreender a recalcitrância da adicção à "força de vontade humana".

Quaisquer que sejam os meios que empregue, a adicção não se insinua por meio da deliberação racional. Não é como se a pessoa adicta, quando confrontada com a escolha de agir ou não em função da adicção, determinasse por deliberação que, considerando todos os fatores, agir assim é o melhor para ela. Na verdade, o paradoxo da ação adicta é que muitas vezes ela é realizada mesmo diante da deliberação racional em sentido contrário. O comportamento da pessoa adicta torna-se desconcertante, espantoso, precisamente porque parece desconectado do controle que os agentes exercem por meio da deliberação. É por isso que as pessoas com adicções costumam falar em "ver a si mesmas" servindo-se de outra bebida ou tomando outra dose. E é por isso que a adicção é experimentada como uma espécie de escravidão ou servidão, como um enfraquecimento em vez de uma ampliação da agência.

Caroline Knapp descreve sua própria tentativa iludida e fracassada de sujeitar seu alcoolismo aos raios perscrutadores do pensamento discursivo: "Filha de uma analista como sou, acrescentaria a reflexão à lista de remédios [que tentei] — e de fato eu tentei, até a reabilitação. Explique as *razões* pelas quais você bebe... *Pense* seu caminho para a saúde mental".[25] De acordo com Knapp, esse é um beco sem saída. Curiosamente, porém, Knapp não conclui desse fracasso do holofote discursivo que a adicção esteja sem suas razões ou que ela seja fundamentalmente irracional. Pelo contrário, ela afirma que a adicção é a representação de certo conhecimento: "Com o tempo, ao longo de muitas, muitas bebidas, esse conhecimento se incorpora, as lições se encaixam na alma: o álcool alivia, o álcool acalma e protege, um bálsamo psíquico".[26] Esse conhecimento parece inutilmente vago, mas Knapp insiste que qualquer tentativa de ir além desse nível e de descrever algum conhecimento mais específico representado pela adicção só pode ser desonesta: "Não há uma resposta simples. Tentar descrever o processo de se tornar um alcoólatra é como tentar descrever o ar. É muito grande, misterioso e difundido para ser definido. O álcool está em toda a sua vida, onipresente, e

---

[25] Knapp, *Drinking*, p. 117.
[26] Ibid., p. 59.

você está ciente e inconsciente dele quase o tempo todo; tudo o que você sabe é que morreria sem ele, e não há uma razão simples para isso acontecer, nenhum momento único, nenhum evento fisiológico que empurre um consumidor constante de álcool por uma linha concreta para o alcoolismo. É um *tornar-se* lento, gradual e insidioso".[27]

A condição de estar "ciente e inconsciente [do objeto de adicção] quase o tempo todo" soa, à primeira vista, como uma admissão de autoengano ou negação. Knapp fala abertamente sobre a negação, e teremos algo mais que dizer sobre a centralidade do autoengano para a adicção, mas o autoengano não é a única maneira de interpretar esse fenômeno de estar simultaneamente consciente e inconsciente. Também podemos interpretá-lo em termos da diferença entre consciência no nível da deliberação e consciência no nível do hábito. Já descrevemos como a adicção, ao se enraizar na estimativa cogitativa de uma pessoa, assume uma função ordenadora na vida da pessoa adicta, de modo que todas as outras atividades e bens são processados em termos do cálculo da adicção. Mas raramente essa função de ordenação é explicada no nível de consciência explícita. A adicção pode desempenhar esse papel informativo sem se inserir como um termo do raciocínio silogístico, sem que isso seja um fator na consciência deliberativa de um agente.

Em um capítulo extraordinariamente perspicaz intitulado *In vodka veritas* [Na vodka está a verdade], Knapp tenta transmitir

---

[27] Ibid., p. 9.

a maneira pela qual o álcool pode tornar-se uma obsessão mental tão sutil, que nem sequer percebemos o que está acontecendo:

> É a equação pela qual todos vivemos, todo alcoólatra que conheço...
> Desconforto + Bebida = Sem Desconforto
> Medo + Bebida = Bravura
> Timidez + Bebida = Confiança
> Dor + Bebida = Auto-obliteração[28]

Essa é a "matemática da autotransformação". Knapp explica: "No fundo, o alcoolismo parece o acúmulo de dezenas de tais conexões, dezenas de pequenos medos, fomes e fúrias, dezenas de experiências e memórias que se acumulam no fundo de sua alma, aglutinando-se ao longo de muitas bebidas em uma única solução líquida".[29]

Podemos adicionar às equações:

> Fragmentação + Adicção = Identidade
> Arbitrariedade + Adicção = Propósito
> Tédio + Adicção = Estímulo
> Vazio + Adicção = Significado
> Finitude + Adicção = Êxtase

---

[28] Ibid., p. 61-70. Usei várias partes desse capítulo para construir uma versão concentrada do caso que ela apresenta em prosa narrativa.

[29] Ibid., p. 61-69.

Essas são as equações, as razões, que habituam a estimativa cogitativa. Não são os "vários e vários drinques", mas essas conexões feitas e as equações resolvidas ao longo de muitos drinques que habituam a estimativa cogitativa. Como me explicou um alcoólatra em recuperação, "para o alcoólatra, o álcool é um pedagogo".

Para o consumidor de álcool normal, uma bebida é uma bebida. Para o alcoólatra, uma bebida é uma vida. A adicção não é algo que uma pessoa adicta *tem*, como tosse, febre ou mesmo uma doença. A adicção é um estilo de vida. É o hábito de ver o mundo de certa maneira e de estar no mundo de certa maneira. É uma habituação da percepção, paixão e imaginação: a maneira como uma pessoa adicta percebe, sente, imagina — tudo isso é mediado pelo significado que sua adicção imprimiu na estimativa cogitativa. A adicção, como a maioria dos hábitos, infunde inteligência nas emoções e na imaginação. Cada ato, mesmo o mais modesto que uma pessoa adicta realiza, carrega em si essa lógica, essa racionalidade fundamental e de longo alcance do estar-no-mundo do adicto: "A vida de um adicto constitui uma vocação";[30] a adicção é uma "filosofia de vida completa" (DD 25).

Neurologicamente, isso significa que a adicção não tem a ver primariamente com a relação entre os neurônios específicos aos quais as substâncias viciantes podem ligar-se, imitando ou bloqueando outros neurotransmissores "naturais". Essas reações químicas são responsáveis pelos processos de tolerância

---

[30] Peele e Brodsky, *Love and addiction*, p. 58.

e abstinência, mas, como foi mostrado no capítulo 1, tolerância e abstinência não são constitutivas da adicção. Neurologicamente, a adicção envolve a inter-relação e a interdependência de vastos sistemas de células que estão relacionados com conforto, confiança, identidade, significado, propósito — em suma, os termos de todas aquelas "equações" realizadas, corroboradas e registradas pela estimativa cogitativa da pessoa adicta.

> Uma pessoa que se torna temporariamente adicta em analgésicos narcóticos no hospital pode ser capaz de abandonar a droga mais rapidamente e com muito mais serenidade do que outra pessoa pode desprender-se da perda de um emprego ou de um ente querido. A adicção da primeira pessoa, embora quimicamente intensa, envolve talvez apenas alguns milhões de células diretamente. Não teve tempo de influenciar sistemas celulares tão amplos como aqueles que estão relacionados com o significado da vida, a autoimagem e a segurança básica [...] Não é tão difícil entender como nossas adicções podem vir a governar nossas vidas. Cada uma de nossas principais adicções consiste não apenas no próprio apego primário; também inclui o envolvimento de vários outros sistemas que foram afetados por ele. Para simplificar, as adicções nunca são um único problema. Assim que tentamos vencer uma adicção real, descobrimos que em muitos aspectos *ela se tornou um estilo de vida*.[31]

---

[31] May, *Addiction and grace*, p. 84-85, destaque meu.

A sutileza e o poder da adicção agora entram em foco como aspectos gêmeos de sua natureza como um hábito complexo que reside substancialmente na estimativa cogitativa, mas que envolve a imaginação e a memória, assim como o corpo. É sutil, porque permeia todos os aspectos do ser da pessoa adicta de tal forma que ela não pode afastar-se da adicção, por assim dizer, para localizá-la em uma cadeia de raciocínio ou em uma faceta da consciência. E é poderosa, porque, sempre que a pessoa adicta tenta derrotar racionalmente sua atração pelo objeto viciante, este desperta um mundo de significado, toda uma "filosofia de vida" incipiente e inarticulada que transborda e desvia a razão prática direta. É da natureza do hábito em geral ser recalcitrante, em maior ou menor grau, às manifestações imediatas e fugazes da razão deliberativa, mas isso é especialmente verdadeiro no que diz respeito aos hábitos da estimativa cogitativa, pois estes geralmente operam como hábitos de automatismo e, portanto, podem operar de forma bastante independente dos esforços mentais conscientes de um agente — muitas vezes apesar desses esforços.

A adicção, agora enraizada como um hábito de automatismo da estimativa cogitativa, incorpora o objeto da adicção em um estilo de vida tão difundido e integrado, que o próprio esforço para a eliminar muitas vezes apenas a confirma e fortalece. O primeiro passo do AA — "admitimos que éramos impotentes em relação ao álcool" — é um reconhecimento desse paradoxo da agência da pessoa adicta. O alcoólatra em recuperação deve reconhecer que, precisamente ao tentar exercer controle sobre sua adicção, ele a solidifica e fortalece. Quanto mais ele tenta diretamente não beber, mais certo se torna seu fracasso, porque, ao focar o objeto da adicção, ela incita um inquestionável mundo de significado que só pode ser penetrado pela prática da adicção.

Um dos grandes ensinamentos do AA e do modelo de recuperação de doze passos em geral é o reconhecimento da recalcitrância do hábito viciante em relação à deliberação direta e à força de vontade. É por isso, por exemplo, que apenas um dos doze passos — o primeiro — menciona o álcool. Os outros onze passos podem ser entendidos como exortações para tratar do problema, não tratando dele diretamente, mas sim adotando padrões alternativos de pensamento e ação que podem gradualmente reeducar e reformar a mente habituada. A sabedoria do programa de doze passos reside no reconhecimento de que o hábito da adicção só pode ser suplantado pelo desenvolvimento de outro hábito que seja tão difundido e atraente quanto o hábito da adicção. Um estilo de vida só pode ser suplantado por outro; por essa razão, o AA é corretamente entendido por seus membros como um estilo de vida: "O programa é um plano para uma vida inteira de vivência diária" (AA 317).

Trabalhar os passos não é uma fórmula mágica que impede o alcoólatra de beber enquanto mantém intactas outras áreas de sua vida. A droga Antabuse (dissulfiram), que leva o alcoólatra a experiências disfóricas tensas quando combinada com o álcool, tenta fornecer essa fórmula mágica, razão pela qual geralmente não consegue uma recuperação duradoura. Em vez disso, trabalhar os passos significa tornar-se o tipo de pessoa que não percebe o mundo como um adicto. Esse é o cerne do adágio do

AA de que a irmandade não visa principalmente ensinar como parar de beber, mas como viver sóbrio. A pessoa adicta que pensa nos passos como um meio temporário de "ficar limpa" terá quase inevitavelmente uma recaída. Tornar-se o tipo de pessoa que pode trabalhar os passos como forma de vida deve ser, para a pessoa em recuperação, um fim em si mesmo. O método é indireto. A pessoa adicta assume a responsabilidade por aspectos de sua vida que podem estar sob controle mais imediato, que podem não desencadear o hábito de automatismo da adicção, e, ao fazê-lo, descobre que respondeu indiretamente à adicção.

Tenho investigado a adicção sem primeiro oferecer uma definição. Não tentei circunscrever cuidadosamente o domínio da adicção ou dizer o que pode e o que não pode ser considerado uma adicção. Uma pessoa pode ser adicta em cafeína, compras, exercícios, uma causa, uma religião? Em vez de delimitar as fronteiras da adicção, tentei-me concentrar em seu centro e argumentar que se trata de um hábito da estimativa cogitativa segundo o qual o objeto da adicção é investido de um significado que se estende a todos os outros aspectos da vida de uma pessoa adicta. Argumentei que a adicção é um hábito que, como a caridade, informa todos os outros hábitos ao determinar o fim para o qual esses hábitos são direcionados. Já falei algumas vezes em "adicção profunda" como forma de identificar essa característica totalizante e abrangente do hábito da adicção. Acredito que seja raro, por exemplo, que o café seja objeto de uma adicção profunda. Se falamos de uma adicção em café, tendemos a nos concentrar na tolerância e na abstinência como constituintes da adicção. Como sugerido no capítulo 1, esse foco estreito nos distrai dos aspectos da adicção que geram o alcoolismo ou a adicção em *crack* e cocaína, por exemplo, seu assustador e desconcertante poder e sedução. É claro que também é possível que as adicções manifestem algumas das características nas quais me concentrei e outras não. Por exemplo, estou convencido de que fumar desempenha um importante papel ordenador e integrador na vida do fumante, mas não tenho certeza de quanto a adicção em nicotina tem a ver com o desejo extático.[32] Tentei chegar ao centro do que considero as adicções mais extremas e dominantes que conhecemos, aquelas em que a "perda de controle" parece ser a única maneira de descrever o comportamento adicto — na esperança de que outras adicções menos graves possam, no entanto, ser iluminadas pela investigação.

Embora meu próprio foco possa questionar a condição de certas atribuições de adicção, como adicção em cafeína, em geral a consequência desse foco será um alargamento, em vez de um estreitamento, do domínio da adicção, pois não há razão para supor que as substâncias sejam os únicos objetos de desejo que poderiam desempenhar um papel totalizante na vida de um agente. Os adictos em substâncias recebem, com razão, a atenção que recebem por causa de seus efeitos visivelmente trágicos, tanto na vida das pessoas adictas quanto na vida daqueles que se preocupam com elas. Mas, de certa forma, as adicções em substâncias

---

[32] Entretanto, um argumento a favor da conexão entre fumar e o transcendente é feito em KLEIN, Richard. *Cigarettes are aublime*. (Durham, N.C.: Duke University Press, 1993).

são os tipos menos traiçoeiros das adicções profundas, precisamente porque se tornam cada vez mais difíceis de ignorar. Outras adicções importantes escravizam silenciosamente, mas não são menos destrutivas para a humanidade de seus reféns.

Meu argumento é que a adicção é um hábito informado, como todos os hábitos, pela racionalidade, e tenho tentado analisar a estrutura dessa racionalidade e mostrar como a adicção se insinua na estimativa cogitativa ao fornecer uma ordem e uma plenitude à vida de uma pessoa adicta — ordem e integridade pelas quais nós, como seres humanos, e particularmente como seres humanos modernos, ansiamos. A adicção, argumentei, opera como uma estratégia moral e espiritual, desempenhando funções específicas na vida moral e dando poder a uma pessoa para a busca, conquanto equivocada, de satisfação extática. É por isso que prestei muita atenção ao potencial construtivo e positivo da adicção e elaborei pouco sobre a destruição e estragos que ela causa. A adicção é misteriosamente poderosa; mas, se deixarmos de perguntar em que consiste esse poder, então a tornamos não apenas misteriosa, mas também incompreensível. Tentei fazer com que a adicção parecesse menos estranha, dando-nos maneiras de pensar sobre a influência que ela exerce sobre as nossas vidas. Espero que minha análise tenha mostrado quão perto, em vez de quão longe, cada um de nós está da adicção profunda.

8

ADICÇÃO E IGREJA
O evangelho e a esperança de recuperação

SE A ANÁLISE DA ADICÇÃO COMO UMA ESTRATÉGIA MORAL E ESPIRITUAL ESTIVER CORRETA, quais são as implicações para a esperança de recuperação? Mais especificamente, se, como argumentei, as dimensões profundas da experiência adicta só podem ser trazidas à tona quando compreendemos a adicção como uma forma falsificada de adoração, quais são as implicações para a igreja? Se a adicção é uma adoração falsa, como a igreja, que pretende praticar a verdadeira adoração ao Deus verdadeiro, deve responder à adicção?

Este não é um capítulo de "como fazer"; não farei recomendações específicas sobre formatos de reuniões ou exercícios para pequenos grupos ou programas de evangelismo que ajudem a igreja a responder melhor às pessoas adictas em seu meio. Recomendações desse tipo são importantes, mas não são minha preocupação aqui. Em vez disso, estou interessado em pensar sobre os desafios e as oportunidades especiais que a adicção apresenta para a igreja. Ela representa uma advertência e um convite à igreja, e esta tem muito a aprender com as comunidades intencionais nas quais a recuperação está acontecendo. Em muitos aspectos, a prevalência de tais comunidades pode ser vista como uma acusação à igreja. Por outro lado, a igreja tem recursos para criticar e aprofundar o movimento de recuperação. Neste capítulo final, sigo três linhas principais de questionamento. Primeiro, o que distingue a adoração da igreja da adicção? Segundo, o que a igreja tem para oferecer ao movimento de recuperação? E, terceiro, que tipos específicos de desafios e oportunidades a adicção apresenta para a igreja?

Adicção e adoração

Dada a análise da adicção que tenho proposto, a questão mais fundamental que a adicção levanta para a igreja é se a adoração é em si uma forma de adicção. Adoração é culto, devoção e submissão total a Deus. A adoração correta se esforça para relacionar todos os desejos e atividades humanas a Deus; é um exercício de reorientação em direção a um fim totalmente suficiente. Todos os desejos e as atividades humanas são postos em questão: como esse amor, esse compromisso, essa atividade confessa ou rejeita, afirma ou nega meu relacionamento com Deus como expressão fundamental de minha identidade e destino? A adoração é, portanto, uma atividade totalizante; exige que *tudo* na vida de uma pessoa seja colocado no banco dos réus diante de Deus, interrogado por um padrão e, consequentemente, renunciado ou reordenado. É por isso que a forma da adoração é a oração. Na confissão nos arrependemos daquilo em nós que não conduz ao amor a Deus, e no louvor e na intercessão reordenamos nossa visão e nossos desejos para o amor a Deus. O objetivo da adoração correta é que *tudo* seja levado cativo a Cristo, que nossas vidas como cristãos sejam expressões de uma oração incessante a Deus.

Como, então, a própria adoração não é simplesmente outro modo de adicção? Afinal, argumentei que a adicção é caracterizada por uma obsessão totalizante com o objeto da adicção, o qual, por meio da habituação da estimativa cogitativa, permeia absolutamente todos os aspectos da vida de uma pessoa adicta. Se tomarmos a obsessão como uma marca constitutiva da adicção, seremos levados à conclusão de que uma vida sem adicções é uma vida livre de obsessão, uma vida de neutralidade ou desapego. Essa é a conclusão que vem sendo defendida em grande parte do movimento de recuperação. Francis Seeburger, por exemplo, argumenta que "a mente não adicta é uma mente desapegada" e "a mente não adicta é uma mente abandonada".[1] Budismo ou outras religiões orientais são frequentemente louvados e recomendados a pessoas adictas como propícias a uma vida de desapego.

Se aceitarmos a afirmação de que a mente não adicta é a mente desapegada, e seu inverso, que a mente apegada, dependente ou obcecada é a mente adicta, torna-se difícil imaginar como a adoração, definida como completo culto, devoção e submissão a Deus, pode ser qualquer coisa a não ser outra forma de adicção. Essa tem sido de fato uma crítica comum à religião, que surgiu

---

[1] SEEBURGER, Francis. *Addiction and responsibility: an inquiry into the addictive mind* (New York: Crossroad, 1993), p. 173.

da tendência crescente de interpretar toda a experiência humana através das lentes do paradigma da adicção. Essa crítica é a fonte do chavão ouvido recorrentemente entre inúmeros adictos em recuperação: "Sou espiritual, não religioso". E a crítica levou os cristãos a dizerem coisas bizarras sobre a natureza de seu compromisso religioso. Assim, por exemplo, William Lenters afirma: "Deus quer que sejamos livres de um relacionamento de dependência com ele".[2]

Essa é certamente uma afirmação inaceitável dentro da gramática cristã. Na verdade, o discipulado cristão nada mais é do que um exercício constante de aprender como reconhecer nossa total dependência de Deus, e o pecado nada mais é do que a contínua ilusão de que podemos viver independentemente de Deus. Lenters e outros foram enganados pela identificação da adicção com a dependência, de tal forma que parece que a única maneira de salvar a fé cristã da acusação de adicção é mostrar como, mesmo dentro da fé cristã, podemos manter uma espécie de distanciamento e independência do objeto de nossa devoção. No entanto, nossa total dependência de Deus e nossa obrigação de viver em submissão a Deus são convicções cristãs centrais. Assim, na cosmovisão cristã, se a adicção é confundida com dependência, não há como evitar a acusação de que a devoção a Deus é uma adicção. Pois como pode a vida da caridade parecer outra coisa senão outra forma de adicção, uma vez que ela promete não o desapego, mas, antes, participação extasiante no fogo consumidor

---

[2] LENTERS, William. *The freedom we crave: addiction — the human condition* (Grand Rapids: Eerdmans, 1985), p. 82.

do amor divino? Se, como afirma Paul Wadell, "amar a Deus em caridade significa que perdemos o controle sobre nossa vida precisamente onde o risco é maior: perdemos o controle sobre nós mesmos",[3] como o santo é realmente diferente do adicto que perde o controle sobre sua vida submetendo-se ao objeto de sua adicção? Como a adoração é realmente diferente da adicção?

O autoengano indica uma diferença crucial entre o adicto e o santo, e, portanto, entre a adicção e a adoração. Exploramos a maioria das principais "marcas" da adicção — tolerância, abstinência, anseio, perda de controle, ambivalência, recaída, obsessão —, com uma exceção significativa. Falamos muito pouco sobre a negação, aquela marca da adicção que às vezes é, como a obsessão, considerada por si só uma condição suficiente para a adicção.[4] Embora eu não acredite que a obsessão ou a negação *por si só* sejam uma condição suficiente para a adicção, em conjunto elas constituem a essência da adicção. Além disso, a diferença entre a adicção e a adoração pode ser explicada em termos de negação.

A negação é uma forma, na verdade a forma predominante, do autoengano. Como a incontinência, o autoengano apresenta um paradoxo para os filósofos que pretendem representá-lo de uma forma não contraditória. Na verdade, os dois paradoxos estão intimamente relacionados, embora o primeiro tenha

---

[3] WADELL, Paul J., C.P. *The primacy of love: an introduction to the ethics of Thomas Aquinas* (New York: Paulist Press, 1992), p. 91.

[4] "Você escuta frequentemente em reuniões do AA que a negação *é* a doença do alcoolismo, não apenas seu sintoma primário" (KNAPP, Caroline. *A love story* (New York: Dial Press, 1996), p. 136).

recebido maior atenção na literatura acadêmica. Herbert Fingarette escreveu uma das duas únicas monografias contemporâneas sobre o assunto, e sua análise fornece um ponto de partida útil para nossa própria investigação sobre a relação entre a adicção e o autoengano que é a negação.[5]

Fingarette propõe que o autoengano deve ser entendido não como a manutenção simultânea de duas crenças mutuamente incompatíveis — o que é de fato paradoxal, se não totalmente contraditório —, mas sim como a evasiva proposital de um agente de explicitar alguma característica de seu envolvimento com o mundo quando o agente é prontamente *capaz* de explicitar essa característica. Não há nada de particularmente paradoxal nisso, mas somos levados à outra questão, que Fingarette pensa ter sido negligenciada por abordagens convencionais do autoengano como manutenção simultânea de crenças conflitantes: por que um agente intencional e persistentemente evitaria explicitar algumas características de seu envolvimento com o mundo?

O autoengano, segundo Fingarette, é um exercício de formação de identidade. É a resposta de um agente que está envolvido no mundo de alguma forma que ele reconhece ser incompatível com a "pessoa" ou o "eu" que o agente se considera: "O autoengano gira em torno não das crenças que se têm, mas sim da identidade pessoal que é aceita [...] Em geral, o autoenganador está

---

[5] FINGARETTE, Herbert. *Self-deception* (London: Routledge, 1969). A outra monografia sobre o assunto é a de MELE, Alfred. *Self-deception unmasked* (Princeton: Princeton University Press, 2001).

envolvido no mundo de alguma forma, e ainda assim se recusa a identificar-se como alguém que está envolvido de tal maneira; ele se recusa a confessar o envolvimento como seu".[6] A consciência — a prática de explicitar quem somos e o que estamos fazendo — é, portanto, uma habilidade seletiva que é empregada no processo de constituição de uma identidade. E o autoengano faz parte desse processo sempre que a formação da identidade pessoal de alguém motiva a recusa de alguns de seus compromissos no mundo.

Ao contrário de nossas queridas intuições, o autoengano, em vez de sinalizar falta de caráter ou de integridade, é parasitário na busca pela integridade: "Quanto menos integridade, menos motivo há para o autoengano. Quanto maior a integridade da pessoa, e quanto mais poderosa a inclinação contrária, maior é a tentação do autoengano".[7] O homem casado que por muito tempo buscou ser um marido fiel tem motivos poderosos para enganar a si mesmo acerca do que ele está fazendo quando assiste à pornografia. O homem casado que não dá a mínima para sua integridade como marido não tem motivo para se enganar.

Geralmente, portanto, o problema do autoengano não é expressão de frouxidão moral, mas, ao contrário, uma manifestação de seriedade moral. Uma das conquistas positivas da propagação do conceito da adicção como doença foi sua capacidade de questionar o estigma moral associado à adicção. Ao fazer isso, o modelo de doença neutralizou de forma proveitosa a

---

[6] Fingarette, *Self-deception*, p. 67.
[7] Ibid., p. 140.

suposição predominante de que a adicção é uma forma extrema de depravação moral. No entanto, se tomarmos a adicção como um tipo de grupo de hábitos, e a habilidade ou hábito de negação como um hábito constitutivo desse grupo, obteremos um resultado semelhante: na medida em que as pessoas adictas encontram motivos para se enganar sobre suas adicções, a adicção não pode ser caracterizada como depravação moral. Pode representar um tipo de erro ou falha moral, mas não pode ser compreendida como uma espécie de falência moral.

Essa percepção nos permite dar sentido a um fato incompreensível no modelo da adicção como escolha, pois, se a adicção é meramente uma escolha intencional e moralmente depravada, então seria surpreendente que tantas pessoas adictas pudessem recuperar-se praticando os doze passos. Se a característica definidora da pessoa adicta é a depravação moral, como poderiam as pessoas com adicções apreciar, quanto mais praticar, as exigências de honestidade, humildade e abnegação que são determinantes do programa de recuperação de doze passos? Paradoxalmente, na medida em que as pessoas adictas são autoenganadoras, elas evidenciam uma capacidade justamente para esse tipo de esforço moral. O autoengano sinaliza a presença de um compromisso moral genuíno.

No cerne da adicção está uma contradição fundamental, e é uma contradição que, em última análise, é sua própria ruína, e o que mantém a esperança de recuperação. A força escravizante da adicção, argumentei, reside em sua promessa perversa de capacitar um agente moral a integrar e organizar sua vida em torno de um fim arrebatador. Mas a promessa da adicção é desmascarada como uma mentira à medida que o agente passa a reconhecer que sua adicção exige que ele rejeite projetos e compromissos que sabe que devem ser inclusos em uma vida que valha a pena, uma vida digna. A adicção ludibria o agente porque fornece um simulacro de uma vida plena, ordenada e coerente. Mas o adicto deve *rejeitar* seu comportamento adicto precisamente porque a adicção fornece *meramente* um simulacro do que ele sabe ser seu verdadeiro fim. O autoengano é a bandeira vermelha aqui, sinalizando uma discrepância entre o que a pessoa adicta *esperava* que a adicção pudesse proporcionar e o que ela *de fato* proporciona. O autoengano é a evidência de que a devoção totalizante da adicção é uma devoção devastadoramente deficiente. Ela não pode cumprir sua promessa de incorporar aqueles compromissos que o agente sabe que devem ser incorporados a qualquer vida de genuíno florescimento. A adicção só alcança integridade e ordem interna exigindo a rejeição de certos bens — vida familiar consistente, amizades transparentes, trabalho produtivo — que a pessoa adicta, em última análise, não está disposta a rejeitar. Por sua vez, a adicção, que por meio do poder de sua mentira já se insinuou na estimativa cogitativa da pessoa adicta, deve ser rejeitada. A negação, portanto, atesta simultaneamente o poder da promessa da adicção e o reconhecimento de que a promessa é uma mentira. Esta é a sabedoria por trás do adágio do AA: "Você é tão doente quanto seus segredos".[8]

---

[8] Moyers, *Broken*, p. 225.

Assim, a adicção não é meramente todo e qualquer propósito abrangente dominante e consumidor. Antes, é todo e qualquer propósito dominante e arrebatador cuja insuficiência para sustentar o eu em sua busca por uma vida que valha a pena se manifesta na negação. É por isso que as pessoas adictas são notoriamente pobres em meditação e porque o AA com tanta frequência recomenda a meditação como fundamental para a vida de recuperação. A meditação nos obriga a refletir sobre as histórias que contamos a nós mesmos sobre nossas vidas e, portanto, representa uma ameaça muito real a qualquer adicção, pois ameaça revelar as insuficiências dessas histórias. Na medida em que os santos são exemplos na prática da meditação, temos motivos para duvidar de que a adoração seja uma adicção.

O desafio teológico que a adicção coloca para a igreja é se esta seria capaz de convidar as pessoas a uma vida de devoção e dependência que não seja autoenganosa. A adicção nos ensina que a devoção a um fim consumidor e a dependência de um bem primordial podem levar, e de fato geralmente levam, ao autoengano, pois essa devoção e dependência são quase sempre uma tentativa de conferir ordem e integridade às nossas vidas de tal forma que devemos ignorar ou negar a desordem e desunião fundamentais do eu. A devoção adicta e a dependência tornam-se então estratégias de controle, modos de formar um eu e estruturar uma identidade que são fundamentalmente desonestos, uma vez que não estamos no controle de nossa vida. A adicção é sedutora porque promete lidar com a desordem e a desunião do eu sem exigir que renunciemos ao controle sobre nossa própria vida. Nesse sentido, a adicção realiza a contradição que é o pecado. Como nos esforçamos para viver independentemente de Deus, nossas vidas são desordenadas e fragmentadas; tentamos resolver a desordem e a fragmentação reafirmando nossa própria independência; assim, a ordem e a unidade que alcançamos são sempre ilusórias e exigem que nos enganemos sobre quem somos.

A adoração correta, por outro lado, nos treina para ver que a desordem e a desunião do eu são, em si mesmas, um sintoma de nossa insistência pecaminosa em manter o controle sobre nossas próprias vidas. Tal desordem e desunião, portanto, não podem ser corrigidas por nada que possamos fazer, mas apenas renunciando a nossa reivindicação de sermos capazes de estabelecer uma identidade impenetrável e unificada. A adoração nos treina para ver que o eu não é algo que estabelecemos, mas sim algo que recebemos continuamente de Deus. Como Stanley Hauerwas aponta: "Sempre houve algo certo sobre o entendimento tradicional de que a unidade do eu e o conhecimento de Deus são correlatos. Essa unidade não vem automaticamente. É uma conquista lenta à medida que trabalhamos diariamente para nos localizarmos na história de Deus. Resistimos inerentemente a tal localização porque passamos a amar nossa pecaminosidade — e tememos perdê-la".[9]

A diferença entre a dependência adicta e a dependência fiel a Deus é, portanto, a diferença entre uma dependência que é fundamentalmente um exercício de controle e uma dependência que

---

[9] HAUERWAS, Stanley. *The peaceable kingdom: a primer in Christian ethics* (Notre Dame: Notre Dame University Press, 1983), p. 47.

é fundamentalmente um exercício de renúncia e abandono. É a diferença entre a vida de pecado e a vida da graça. Na linguagem do hábito, é a diferença entre virtude adquirida e virtude infundida. Essa é a visão teológica que levou Agostinho a afirmar que as virtudes adquiridas são sempre, na melhor das hipóteses, "vícios esplêndidos" (*splendida peccata*); tendo em vista que são "alcançados" em vez de "recebidos", eles servem para subscrever a premissa pecaminosa de que podemos estabelecer um eu coerente à parte da dependência de Deus. Enquanto as virtudes adquiridas são produzidas por nossa própria atividade virtuosa, as virtudes infundidas são produzidas em nós por Deus. Somos o "princípio ativo" da virtude adquirida; Deus é o "princípio ativo" da virtude infusa (1-2.62.1). E é por isso que Tomás de Aquino insiste que, na regeneração, o crente recebe não apenas as virtudes sobrenaturais infundidas da fé, esperança e amor, mas também as virtudes morais infundidas, que são distintas das virtudes morais adquiridas (1-2.63.3). As virtudes morais adquiridas são desenvolvidas por meio do esforço moral e são direcionadas para o fim de consolidar um eu que pode resistir às tempestades do tempo e da fortuna. Em contrapartida, as virtudes morais infundidas são recebidas pela graça e são direcionadas para o fim da amizade com Deus.[10]

---

[10] Para uma discussão útil da teoria de Tomás de Aquino das virtudes morais infundidas que considera essas virtudes particularmente em relação ao hábito adquirido do alcoolismo, ver SHERWIN, Michael S., O.P. "Infused virtue and the effects of acquired vice: a test case for the thomistic theory of infused cardinal virtues", *The Thomist* 73 (2009): 29-52.

Além disso, a virtude infundida não é um dom único, assim como a virtude adquirida não é uma conquista única. Podemos crescer nas virtudes sobrenaturais da fé, esperança e amor por causa da obra contínua do Espírito que habita em nós. Para Tomás de Aquino, a graciosa concessão divina da fé, esperança e amor torna possível "certa participação da divindade, segundo se diz na Carta de Pedro, que por Cristo nos tornamos *partícipes da natureza divina*" (1-2.62.1, grifo no original). Assim, a adoração cristã graciosamente tira o fardo de sermos o centro de nossa história e, em vez disso, nos incorpora à história de Deus. A adoração ao Deus trino nos liberta da necessidade de nos justificarmos por meio de estratégias de autoengano ao revelar continuamente que somos justificados somente por Cristo. E a adoração ao Deus trino nos livra do fardo de alcançar nossa própria identidade e sustentar nossa própria história ao atrair-nos, por meio da obra do Espírito, para a vida de Deus.

A IGREJA E A ESPERANÇA DE RECUPERAÇÃO

Distinguir a adoração correta, da igreja, da adoração falsificada, da adicção, nos coloca em posição de explorar as maneiras pelas quais a igreja deve conceber a recuperação da adicção. Uma abordagem útil a esse tipo de questão nos leva a perguntar sobre a relação entre a vida da igreja e a prática da recuperação tal como é entendida e incorporada no paradigma de recuperação mais dominante, o do movimento de recuperação em doze passos. A estrutura do programa de doze passos do AA foi adaptada para responder a uma ampla variedade de adicções, e essa expansão foi tão bem-sucedida que o programa de doze passos é agora amplamente considerado a resposta definitiva a qualquer tipo de adicção.[11]

Em geral, a relação entre a igreja e o movimento dos doze passos tem sido positiva. Muitas igrejas doam ou alugam espaço em seus prédios para reuniões dos doze passos. Outras igrejas adotaram e adaptaram o movimento a fim de fornecer oportunidades de recuperação para pessoas adictas dentro da igreja. Algumas das adaptações são teologicamente cuidadosas; outras são mais aleatórias, meramente batizando o programa de doze passos sem questionar os pressupostos teológicos que estão implícitos em seu conjunto básico de princípios e objetivos.[12]

Apesar da colaboração significativa entre a igreja e o movimento de doze passos, muitos têm afirmado, acredito que com razão, que o crescimento maciço de grupos de doze passos expôs a incapacidade ou falha da igreja em lidar honesta e adequadamente com as fraquezas das pessoas. Devemos perguntar, então, o que esses movimentos oferecem que a igreja frequentemente falha em oferecer. No entanto, começar com esse tipo de pergunta é perigoso, porque pressupõe que a igreja tem a mesma missão do movimento de recuperação em doze passos. É importante, então,

---

[11] Para uma tentativa de avaliar os méritos de várias filosofias de recuperação diferentes, ver SHAVELSON, Lonnie. *Hooked: five addicts challenge our misguided drug rehab system* (New York: New Press, 2001).

[12] Um exemplo de adaptação do programa de doze passos que demonstra consciência de muitas das questões teológicas em jogo é o programa "Celebrate Recovery" [Celebrando a Recuperação], lançado em 1995 pela Igreja Saddleback, em Lake Forest, Califórnia. Ver http://celebraterecovery.com.au/index.php.

começar perguntando sobre as maneiras pelas quais a missão da igreja e seu entendimento sobre adicção e recuperação podem precisar ser distinguidos da missão e filosofia do movimento de doze passos. Só então devemos perguntar sobre as maneiras pelas quais o movimento dos doze passos pode chamar a igreja de volta a uma maior fidelidade às pessoas adictas.

O movimento de recuperação de doze passos reconhece corretamente que a adicção é um exercício de autoafirmação e controle que leva a pessoa adicta a negar sua própria desordem e desunião subjacentes. Esse movimento procura remediar isso de duas maneiras. Primeiro, a pessoa adicta em busca de recuperação deve reconhecer um poder maior do que ela mesma, do qual ela depende. Assim, o terceiro passo ensina: "Decidimos entregar nossa vontade e nossa vida aos cuidados de Deus, *na forma em que o concebemos*" (DD 5, grifo no original). Em segundo lugar, a pessoa adicta em busca de recuperação deve adotar como sua identidade mais fundamental a de "alcoólatra" ou "adicto". Portanto, toda vez que uma pessoa deseja falar em uma reunião do AA, ou em algum programa de recuperação de doze passos semelhante, ela deve começar com a introdução: "Meu nome é Joe, sou um alcoólatra", ou "Meu nome é Sue, sou uma adicta".

A igreja deve ser cautelosa quanto à adoção direta do paradigma do movimento de recuperação de doze passos. Embora esses requisitos sejam salutares e tenham sido úteis para muitas pessoas adictas em busca de recuperação, da perspectiva da adoração da igreja, eles não vão longe o suficiente e correm o risco de reinstituir a orientação fundamental que está por trás da adicção.

Na adoração cristã, encontramos Deus não como o concebemos, mas como ele nos é revelado nas Escrituras e na liturgia. Claro, nosso encontro com Deus nunca é imediato, mas na adoração os cristãos se relacionam com um Deus que tem um caráter determinado e que agiu de forma determinante na história. Não somos convidados, na adoração, a projetar um "Deus como o concebemos", e sim a ser encontrados pelo Deus de Israel e de Jesus Cristo, cuja particularidade coloca em questão não apenas nossa própria "consciência de Deus", mas até mesmo nosso próprio senso de nós mesmos. Assim, o seguinte convite impresso em um panfleto de um conhecido centro de tratamento de doze passos só pode parecer perverso da perspectiva da adoração cristã correta: "O que você deseja alcançar é o presente de um quadro em branco, com um lápis posicionado em sua própria mão para redesenhar a imagem [...] De que você precisa para desenhar uma nova imagem, sua *própria* imagem de um Poder Superior? [...] O que um Poder Superior precisa fazer por você? [...] Qual a forma desse Poder Superior? O que é melhor — mais confortável — para você?".[13]

O convite para formar um Deus que possa atender às nossas necessidades emocionais é de fato um convite ao autoengano e, portanto, só pode inibir a recuperação autêntica da adicção. Na verdade, é precisamente a tendência humana — tão devastadoramente iluminada por Feuerbach — de fazer Deus à nossa imagem que torna a "religião" vulnerável à crítica de que ela é

---

[13] Citado por MERCADANTE, Linda. *Victims and sinners: spiritual roots of addiction and recovery* (Louisville: Westminster John Knox Press, 1996), p. 157.

apenas outra forma de adicção. Karl Barth empregou a análise de Feuerbach para traçar uma distinção entre "religião", que é o esforço da humanidade para comungar com Deus em seus próprios termos, e "fé", que é a comunhão com Deus iniciada e estabelecida pela autorrevelação de Deus. Para Barth, "a religião é a contradição da revelação. O que agrada a Deus não é a religiosidade humana, mas a fé em resposta à revelação divina; revelação que procede única e diretamente do Deus trino".[14] Enquanto muitos no movimento de recuperação se autodenominam "espirituais, mas não religiosos", a adoração cristã deve treinar-nos para que sejamos nem "espirituais" nem "religiosos", e sim dependentes do Deus trino de Israel, que encarnou em Jesus de Nazaré. Essa não é uma dependência que o cristão deve conquistar; mas, como a linguagem da virtude infusa pretende indicar, uma dependência que somos livres para receber. O Espírito Santo nos atrai constantemente, oferecendo-se para nos livrar de nossa autoabsorção e "guiar-nos em toda a verdade" (João 16.13).

Teologicamente, o excesso de confiança em nosso próprio senso de identidade está relacionado a uma visão indeterminada e equivocada de Deus. É uma questão de prioridade: se estamos certos de nossa própria identidade e nosso próprio caráter, então a identidade e o caráter de Deus devem ser condicionados por essa certeza. Por outro lado, se estamos certos da identidade e do caráter de Deus, então nosso próprio senso de identidade é sempre condicionado por nosso relacionamento com Deus. Esse é o

---

[14] BARTH, Karl. *Church dogmatics* 1/2, ed. G. W. Bromiley e T. F. Torrance (London: T & T Clark, 1963), p. 302-3.

resultado da afirmação de Hauerwas de que "a unidade do eu e o conhecimento de Deus são correlatos". Nesse sentido, a identidade cristã é sempre *relativa*. Dizer que somos pecadores não é estabelecer uma identidade, mas nomear uma relação. Reconhecer que somos pecadores é reconhecer que não temos recursos para saber quem somos separados de Deus.

Assim, o correlato à vaga concepção de Deus do movimento dos doze passos é o excesso de confiança na identidade de "adicto". *Slogans* como "uma vez alcoólatra, sempre alcoólatra" (AA 33) têm como objetivo humilhar o orgulho da pessoa adicta em recuperação e dissipar qualquer ilusão de que a adicção é um mero apêndice do eu, algo que as pessoas com adicções podem vestir ou tirar à vontade. Esses *slogans* são valiosos na medida em que lembram à pessoa adicta que sua adicção se tornou uma parte dela, que está entrelaçada com seu caráter a tal ponto que a recuperação exige uma conversão de caráter. Entretanto, da perspectiva cristã, tais declarações de identidade correm o risco de repetir a ilusão no cerne de toda adicção e, na verdade, no cerne de todo pecado, ou seja, a ilusão de que podemos saber quem somos independentemente de nosso relacionamento com Deus. Ironicamente, essas declarações de identidade podem tornar-se uma fonte de orgulho, de modo que as pessoas que se recuperam da adicção podem sentir-se menosprezadas ou depreciadas pela sugestão de que "adicto" não é necessariamente quem elas são. "Alcoólatra" ou "adicto" se tornou então parte de uma identidade estimada, um núcleo do eu que não está aberto a questionamentos, e não é condicionado por alguma realidade mais fundamental.

Ademais, a adoção de "alcoólatra" ou "adicto" como identidade inevitavelmente limita o escopo da recuperação. Se minha adicção é fundamental para quem eu sou, se é básica para o meu ser, então a vida de recuperação nunca pode ser mais do que uma negação diária de meu verdadeiro eu. A literatura do AA muitas vezes fala dessa maneira: tudo o que o alcoólatra pode esperar do processo de recuperação é "um adiamento diário" de beber (AA 85). Essa visão de recuperação é trágica, pois insiste em que há um descompasso primordial e ontológico entre quem a pessoa é e como ela deve comportar-se. Essa visão trágica, ao rejeitar a esperança de uma harmonia final entre ser e ato, contém uma "teologia da criação" implícita, que está, em última análise, em conflito com uma compreensão cristã da criação. Como Linda Mercadante argumentou, "apresentar a vulnerabilidade adicta como parte integral da pessoa aproxima-se perigosamente da imagem maniqueísta da natureza humana", segundo a qual há uma dualidade ontológica entre o bem e o mal, de modo que o triunfo final do bem sobre o mal exigiria a destruição total da natureza humana.[15] Nesse contexto, a pessoa adicta é condenada a uma vida trágica.

Em contraste, a visão cristã da recuperação é uma expressão da visão cristã da redenção, que é quase extravagante e imprudente em sua esperança. Pois no cerne da visão cristã da redenção está a insistência de que o pecado não é fundamental ou ontológico, mas, antes, histórico e contingente. Portanto, os cristãos vivem

---

[15] MERCADANTE, *Victims and sinners*, p. 118.

na esperança de que seu destino é a harmonia entre quem eles são e o que eles querem e fazem, entre seu ser e seu ato. Segundo essa visão, nossa liberdade não está em conflito com nossa natureza, mas é a expressão mais completa de nossa verdadeira natureza. O processo de descobrir nossa verdadeira natureza e, portanto, nossa liberdade completa é o processo de santificação. À medida que somos santificados, passamos a nos localizar completamente dentro da história de Deus sobre quem somos e o que mais fundamentalmente desejamos.

O escopo da recuperação é, assim, radicalmente estendido dentro de uma visão cristã da adicção. Na verdade, a "recuperação" não indica suficientemente a esperança cristã em face da adicção. Em vez disso, o cristão espera por uma "descoberta" e uma "nova criação" — não um retorno a algum equilíbrio sustentável entre quem somos e o que queremos, mas sim uma transformação do eu que conduz quem somos e o que queremos (que estão em tensão apenas por causa do poder contingente e prolepticamente vencido do pecado) à perfeita coordenação e harmonia.

Dado meu argumento de que a adicção é um hábito, a visão cristã da recuperação é a mais filosoficamente defensável. Pois os hábitos, devemos lembrar, são *qualificações* do eu e, portanto, nunca devem ser identificados com o eu. Ao reivindicar a identidade de "adicto" ou "alcoólatra", negamos que a adicção seja um hábito e, em vez disso, afirmamos que ela é uma entidade. Mas, do ponto de vista cristão, a adicção é de fato um hábito que pode ser transformado em caridade. Por essas razões, prefiro falar de "pessoas adictas" e "pessoas com adicções", em vez de falar de "adictos".

Sei, por conversas pessoais, que essa linha de argumento não é bem-vinda entre muitos participantes do movimento de recuperação. Parece muito otimista, insuficientemente circunspecto, como um convite à arrogância e à autoconfiança irresponsável. No entanto, dentro do entendimento cristão, tal esperança é inegável. Insistir que nossas identidades são ontológica e finalmente desordenadas é simplesmente uma negação da doutrina cristã da salvação. Se a igreja deve ser fiel, ela deve, portanto, ser inabalável em seu compromisso com a libertação final da escravidão do pecado sobre nossos atos e nosso ser. Essa é a esperança escatológica cristã, e tal esperança deve transformar nossa compreensão da adicção e da recuperação.

Recuperação e amizade

Se a igreja possui recursos para oferecer uma esperança ainda mais profunda às pessoas em recuperação do que aquela oferecida pelo movimento dos doze passos, por que esse movimento essencialmente substituiu a igreja como o lugar para onde pessoas adictas vão para se recuperar? Essa é uma pergunta difícil, pois a esperança que é sustentada pela igreja é realmente uma boa nova, mas reconhecê-la como tal já é ser convertido. O pecador dentro de cada um de nós é repelido pelo convite de renunciar a todo e qualquer direito sobre nossas vidas; portanto, estamos inclinados a buscar métodos de melhoria que não exijam tal renúncia. No entanto, muitas pessoas adictas que são cristãs afirmam que encontram no acolhimento do movimento de recuperação de doze passos o que não podem encontrar em suas próprias igrejas. Essa é uma séria acusação contra a igreja, e devemos perguntar onde a igreja falhou em comparação com o movimento dos doze passos.

Estou convencido de que o movimento dos doze passos teve sucesso em grande parte por causa da maneira como seu formato e seu método convidam a amizades transformadoras e as exigem. É amplamente reconhecido que amizades profundas são de fato necessárias para a vida de recuperação. A esmagadora maioria dos adictos atesta o poder da amizade como o fator mais importante em sua recuperação da adicção.

> Mas a parte mais convincente do AA, a parte que me fez querer experimentar esse negócio de sobriedade, foi o riso, a pura alegria do riso que ouvi apenas de alcoólatras sóbrios. (AA 333)

> Encontrei minha tribo, a arquitetura social que atende a todas as minhas necessidades de camaradagem e convivência. (AA 336)

> AA é minha casa agora... Eu não me sinto mais sozinho. (AA 346)

> O que me manteve sóbrio até eu começar a tratar meu alcoolismo com honestidade foi o amor na sala do

> Alcoólicos Anônimos. Fiz alguns amigos pela primeira vez na vida. Amigos de verdade que se importavam, mesmo quando eu estava sem dinheiro e sentindo-me desesperado. (AA 468)

Os grupos de recuperação de doze passos tornaram-se lugares onde os adictos têm a certeza de que encontrarão comunhão genuína. Por que os grupos de doze passos têm tanto sucesso em fornecer espaço para amizades transformadoras? Eu gostaria de sugerir três maneiras pelas quais eles se tornaram especialmente adeptos da prática da amizade. Em cada uma dessas maneiras, o movimento dos doze passos serve para chamar a igreja de volta ao entendimento bíblico de amizade e comunhão.

Primeiro, enquanto o movimento dos doze passos insiste em tratar seus membros como adictos em recuperação, a igreja nem sempre insiste em tratar seus membros como pecadores arrependidos. Argumentei que "pecador" é uma atribuição muito mais radical do que "adicto", porque desafia as tentativas da pessoa adicta de reivindicar uma identidade que seja independente de Deus. Dessa forma, acredito que o rótulo de "adicto" é, em última análise, insuficiente para nomear a profundidade do transtorno que é a adicção. Isso será irrelevante, entretanto, caso as pessoas dentro da igreja não vivam como pecadores arrependidos.

A sabedoria do AA está contida na *celebração* da aceitação de um adicto e do reconhecimento público de que ele é um adicto. Tal aceitação e reconhecimento são considerados uma *conquista* e são celebrados de forma ritualizada e reiterada. De fato, dentro do movimento dos doze passos, até mesmo a recaída de um dos membros é recebida, ensaiada e discutida pelo grupo maior como um presente, pois serve como um lembrete concreto de que cada membro do grupo é suscetível ao mesmo destino. Além disso, a atividade central das reuniões da irmandade de doze passos é a prática de compartilhar a vida dos membros a partir do paradigma do adicto em recuperação. Lidar com essa condição não é, de forma nenhuma, periférico ao que o grupo faz, mas sim central a toda a atividade. Assim, quando um membro fala de desejo, abstinência, depressão, solidão ou mesmo recaída, ele não está levantando uma questão que deve ser tratada antes que o grupo possa prosseguir com seus assuntos; ele está lidando com o assunto central do grupo. Esses testemunhos são a liturgia do movimento dos doze passos, e o grupo foi formado exatamente para ouvir e responder a tais testemunhos.

Em comparação, a igreja tem frequentemente sido menos comprometida em promover uma atmosfera na qual seus membros se sintam não apenas livres, mas também à vontade para reconhecer publicamente sua condição como pecadores e compartilhar suas vidas com outros a partir desse paradigma. Teologicamente, a aceitação da condição de pecador também é uma conquista, embora muitas vezes não a tratemos como tal. Desafios logísticos óbvios surgem aqui, mas acho que esses desafios podem ser exagerados. Muito mais central para o fracasso da igreja em promover comunhão às pessoas adictas em seu meio é o seu fracasso em viver seu chamado bíblico de treinar discípulos para compartilharem suas vidas como pecadores arrependidos:

"Se dissermos que não temos pecado algum, enganamos a nós mesmos, e a verdade não está em nós" (1João 1.8). Biblicamente, o mandato para declarar verdadeira e publicamente nossa pecaminosidade é crucial para nosso crescimento em santidade: "*Se confessarmos os nossos pecados*, ele é fiel e justo para nos perdoar os pecados e nos purificará de toda injustiça" (1João 1.9, grifo meu).

É claro que muitos de nós não temos certeza se queremos estar em uma igreja que nos treine dessa maneira, pois isso implicaria não apenas nossa humilhação, mas também uma vulnerabilidade em relação aos outros na qual muitos de nós não temos interesse. Temos medo de que, se confessarmos nossos pecados, outras pessoas possam fazer reivindicações sobre nossas vidas, insistindo em orar por nós e perguntando-nos como estamos indo. A maioria de nós não tem certeza se deseja que a igreja esteja tão envolvida.

Não quero parecer cínico. É claro que a igreja está cheia de pessoas que desejam relacionamentos honestos e vulneráveis, e que buscam genuinamente ser treinadas para compartilhar fielmente suas vidas como pecadoras. No entanto, a igreja parece ser um lugar onde esse tipo de investimento é opcional e, nesse aspecto, difere profundamente do AA e de outros movimentos de doze passos. Pois, caso alguém não deseje tal vulnerabilidade, prestação de contas e interdependência, qual seria o sentido de participar de um encontro do AA? Ainda assim, muitos de nós pensamos que algo pode ser ganho com a igreja além de aprendermos a reconhecer nossa pecaminosidade e nossa total dependência de Deus. Na medida em que a igreja legitima esse erro

— oferecendo, no lugar disso, capital social, creches, entretenimento, tempo para a família, e assim por diante —, a igreja é responsável por sua falha em fornecer hospitalidade, sustento e redenção às pessoas adictas em seu meio.

Em segundo lugar, o movimento dos doze passos é capaz de promover a amizade porque exige que seus membros iniciem certos tipos de relacionamento que são estruturados em vista de um fim específico. A esse respeito, o movimento dos doze passos vive o entendimento aristotélico de que um dos principais objetivos da amizade é o "treinamento na virtude". Aristóteles diz que "certo treinamento na virtude surge também da companhia dos bons" (1170a11-13). Não estamos acostumados a pensar que o treinamento faz parte da amizade; isso é algo que fazemos "no trabalho", e a amizade é nossa fuga do tédio e do paternalismo implícitos em "treinamento". Aristóteles, no entanto, pensa que certos tipos de amizade são caracterizados pelo treinamento.

Não deveríamos nos surpreender, pois o treinamento é uma linguagem de habilidade, linguagem de hábito, e, de fato, Aristóteles pensa que certas amizades serão caracterizadas por uma espécie de relação mestre/aprendiz. Essa percepção, embora um tanto estranha às concepções populares de amizade, é familiar para aqueles que estão recuperando-se na tradição dos doze passos. Um dos conselhos mais importantes oferecidos aos recém-chegados — *Os doze passos e as doze tradições* os chamam instrutivamente de "novatos" (DD 60) — é que eles encontrem um "padrinho", geralmente alguém que "trabalhou os passos" por alguns anos e desenvolveu hábitos de caráter que os noavtos podem imitar e a partir dos quais o padrinho pode aconselhar e encorajar os novatos. A suposição filosófica por trás do apadrinhamento é antiga e profundamente aristotélica, mas um tanto estranha em nosso contexto, em que a vida moral está mais imediatamente associada ao aprendizado de certas regras ou princípios abstratos que podemos aplicar a "dilemas". O pressuposto filosófico básico incorporado ao relacionamento padrinho/novato é que "é mais fácil agir de acordo com uma nova maneira de pensar do que pensar de acordo com uma nova maneira de agir" (AA 366). É por isso que raramente é suficiente simplesmente receber os conselhos e as instruções oferecidas nas reuniões do AA e ler o *Grande Livro*. O "aprendiz" em recuperação precisa de um "mestre" ou de vários: "Aprendi a ser um bom membro do AA observando os bons membros do AA, e fazendo o que eles fazem" (AA 521).

A igreja falha em promover relacionamentos sustentáveis e transformadores para as pessoas adictas em seu meio sempre que adere à suposição moderna de que o crescimento na virtude é um produto do aprendizado de princípios abstratos, enquanto a amizade é um esforço privado baseado em "interesses semelhantes". Tal suposição está em oposição direta ao entendimento bíblico de amizade. Embora o afeto caracterize muitas das amizades retratadas na Bíblia, é periférico ao centro animador da amizade, que não é nada menos do que a disposição de dar a vida pelo amigo (João 15.13). Essas amizades não são opcionais para os cristãos; Jesus *ordena* a seus discípulos que desenvolvam amizade uns com os outros dessa maneira distinta. Além disso, Paulo recomenda que os novos convertidos e aqueles que são jovens na fé devem "dedicar-se ao serviço dos santos" (1Coríntios 16.15) e colocar-se sob "a autoridade dos presbíteros" (1Pedro 5.5). Para Paulo, amizades de responsabilidade e treinamento são fundamentais para o crescimento em santidade.

A igreja deve ser ousada para implementar estruturas relacionais que sejam explicitamente projetadas para o treinamento na virtude. Assim, os programas de mentoria na igreja não devem ser algo que os membros precisam buscar, mas sim algo tão prevalente e predominante que os membros teriam de evitá-los intencionalmente. A compreensão do movimento dos doze passos de que a recuperação é principalmente um exercício de amizade e apenas secundariamente uma consequência de ouvir e ler o *Grande Livro* se aplica também à igreja. Na ausência de relações específicas e concretas de responsabilidade, imitação e oração mútua, a prática da literatura tem valor limitado. É verdade que a liturgia da igreja é o trabalho de pessoas reunidas, mas é uma obra que só faz sentido no contexto de relações que encarnam, experimentam e buscam a verdade que a liturgia faz conhecida.

Por fim, e intimamente relacionado a essa segunda característica da amizade, o movimento dos doze passos reconhece corretamente que a amizade transformadora requer proximidade física e o compartilhamento de uma quantidade considerável de tempo juntos. Aqui também o movimento incorpora um antigo entendimento aristotélico sobre a natureza das amizades que conduzem à virtude. Aristóteles diz: "Não há nada tão característico da amizade quanto o viver juntos" (1157b19-20). Isso também parece um pouco exagerado, dado nosso estilo de vida contemporâneo. O fato de nossas carreiras nos separarem fisicamente de nossos amigos é considerado simplesmente um fato e um retrocesso relativamente pequeno para a amizade, que pode ser mitigado pelos rápidos avanços na tecnologia da comunicação.

Será que Aristóteles teria dado tanta ênfase ao compartilhamento de espaço e tempo com amigos se ele pudesse estar "on-line"? Suspeito que sim, pois ele acreditava que a proximidade física, na verdade o compartilhamento do espaço-tempo com nossos amigos, é essencial para a amizade não apenas porque nos deliciamos na companhia de nossos amigos (que, afinal, ainda pode ser desfrutada "a distância"), mas também porque a prática da virtude o exige. Aristóteles acreditava que amizades por virtude requerem compartilhar a vida juntos porque as pessoas que se esforçam para viver bem precisam ser afirmadas e validadas em sua convicção de que as atividades nas quais estão envolvendo-se são dignas de seu tempo e de sua energia. Paul Wadell explica da seguinte maneira: "Não podemos nos dar ao luxo de nos cansarmos da virtude, porque se afastar de suas atividades é dar início a uma deterioração do eu que ninguém pode suportar por muito tempo. A amizade é especialmente crucial porque, sem o apoio e o suporte de outros que estão envolvidos conosco na vida virtuosa, invariavelmente ficamos desencantados com as próprias atividades das quais não podemos duvidar".[16]

---

[16] WADELL, Paul J., C.P. *Friendship and the moral life* (Notre Dame: University of Notre Dame Press, 1989), p. 59-60.

O fato de os membros do AA se reunirem em salas, sentarem-se ao redor de mesas e tomarem café todas as noites ou quase todas as noites da semana não é meramente acidental para a recuperação deles. A importância do lugar e da "cotidianidade" para o sucesso do AA é essencial. Muitos não adictos ficam surpresos ao saber de adictos em recuperação que estão sóbrios há anos e ainda frequentam as reuniões do AA quatro ou cinco noites por semana. Mas isso é essencial, não apenas para sua sobriedade, mas particularmente para os esforços dos recém-chegados, os "novos". Quando um membro do AA com seu crachá de dez anos calça os sapatos, entra em seu carro, dirige até o quarto alugado ou o porão da igreja, prepara o café, participa silenciosamente da reunião, permanece depois para conversar com velhos amigos e recém-chegados céticos, fecha o local do encontro, entra no carro e vai para casa, nenhuma das intenções que acompanham cada uma dessas ações se perde. Cada ato básico testifica e santifica o valor do esforço compartilhado.

Se a igreja deve ser um lugar onde pessoas adictas podem encontrar comunhão redentora, ela terá de se tornar um núcleo social primário e deve facilitar e esperar de seus membros amizades que estão enraizadas no compartilhamento das atividades do dia a dia. Temos a tendência de pensar em nossas "amizades de trabalho" dessa maneira simplesmente porque vemos as pessoas com quem trabalhamos diariamente. Mas, se a igreja deve fornecer uma alternativa genuína para pessoas adictas que buscam recuperação, precisa oferecer oportunidades diárias, em vez de semanais, de adoração comunitária, testemunho e oração, e deve desafiar seus membros a tratarem a igreja como sua comunidade social primária. Aqui, também, o movimento dos doze passos pode chamar a igreja de volta às suas raízes bíblicas, pois uma das marcas distintivas da vibrante comunidade cristã primitiva era sua devoção em compartilhar espaço e tempo uns com os outros nas atividades da vida diária: *"E perseverando de comum acordo todos os dias no templo,* e partindo o pão em casa, comiam com alegria e simplicidade de coração, louvando a Deus e contando com o favor de todo o povo" (Atos 2.46-47, grifo meu).

Adicção como desafio profético
Todo pecado é idolatria; portanto, todos os bens que são buscados como se fossem deuses são buscados pecaminosamente. Mas, na maior parte do tempo, nossa pecaminosidade é facilmente desmascarada, porque os bens que elevamos a uma condição desordenada ficam claramente aquém de nossas exaltadas expectativas. Eles falham em fornecer o tipo de controle, integridade e êxtase que ansiamos alcançar. É improvável que tais bens sejam realmente confundidos com bens plenamente suficientes. São, antes, distrações e diversões, maneiras de ignorar ou reprimir nossa profunda inquietação.

A adicção — como todo pecado — é uma forma de idolatria, porque eleva algum bem penúltimo à condição de bem último, condição que pertence somente a Deus. Mas a adicção é excepcionalmente sedutora, excepcionalmente cativante e excepcionalmente poderosa, porque seu objeto chega muito perto de cumprir sua falsa promessa de ser Deus. Todo pecado é uma tentativa de ampliar nossos poderes e estabelecer por nós mesmos uma plenitude e uma realização que só podem ser encontradas no relacionamento correto com Deus. Nesse sentido, todo pecado é rebelião contra Deus. Mas a adicção é poderosa, cativante e sedutora porque é uma rebelião que chega muito perto do sucesso. A adicção profunda não é necessariamente a forma mais tentadora de idolatria; é muito extrema, totalizante e exigente para tentar muitos de nós. Mas, exatamente por ser tão extrema, totalizante e exigente, essa é a forma mais potente de idolatria disponível.

Como a adicção é a forma mais potente de idolatria disponível para as pessoas modernas, ela apresenta um desafio particular para a igreja. Em aspectos importantes, a adicção é diferente da resposta à ansiedade e à inquietação, que assume as formas mais "respeitáveis" de diversão e distração, como compras, entretenimento ou passatempos. Ao contrário desses últimos tipos de resposta, a adicção, à sua própria maneira perversa, capacita um agente a conferir forma e significado à sua existência, uma vez que traz consigo seu próprio ímpeto, seu fim ordenador, sua energia integrativa e seu mundo de significados. Por causa disso, a vida de distração e diversão constituiria, em um sentido muito real, uma perda de significado para a pessoa adicta e, portanto, seria improvável que tal vida pudesse fornecer uma base racional tão contundente quanto a base racional da adicção.

É por isso, eu suspeito, que muitos de nós na igreja nos sentimos tão impotentes diante da adicção. Sentimos o poder dela em nossa própria vida e duvidamos de que o evangelho seja forte o suficiente para vencê-la. Claro, não dizemos esse tipo de coisa. Estamos até mesmo comprometidos com nossas crenças em negá-lo. Mas, quando um alcoólatra entra na igreja, quando ficamos sabendo que nosso pastor tem estado viciado em pornografia nos últimos dez anos, quando dirigimos pelos guetos e favelas locais dizimados pela adicção, a resposta imediata para muitos de nós que nos autodenominamos cristãos é o desespero. O evangelho é realmente poderoso o suficiente para tudo isso?

Suspeito que muitos de nós pensamos assim porque duvidamos do poder do evangelho em nossa própria vida. Nós nos perguntamos se escapamos das garras da adicção não por causa do poder do evangelho, mas por causa das circunstâncias, do temperamento, do medo da rejeição ou da covardia. Talvez, ao contrário do adicto, não tenhamos adotado um propósito totalmente abrangente, uma vida coerente e integrada e uma participação extática em algum bem todo-suficiente e transcendente. Por muito tempo dissemos a nós mesmos que, nas palavras dos Rolling Stones, "você nem sempre consegue o que quer", e usamos essa justificativa para entorpecer e suprimir nossos mais profundos anseios por descanso, paz e alegria. Em vez disso, optamos por uma vida respeitável e respondemos a nosso tédio, nossa solidão e nossa desordem interna com distração e diversão. Para muitos de nós, a igreja representa essa vida de respeitabilidade da qual devemos ocasionalmente escapar tirando umas "férias morais". Para outros, a igreja é em si uma distração e uma diversão, um lugar aonde vamos para desempenhar um papel, acariciar o ego, divertir-nos, socializar ou obter um pouco de "canja de galinha para a alma". Assim, quando somos confrontados pela pessoa adicta, duvidamos de que o evangelho tenha o poder necessário para resgatá-la, pois sabemos que, em um sentido muito real, o adicto tem uma necessidade feroz e desesperada que nos é estranha e para a qual não temos uma resposta.

Como os antigos profetas, os adictos de hoje podem lembrar-nos de que nosso desejo por Deus é trivial e fraco, e nossos horizontes de esperança e expectativa são limitados e mundanos. Recuamos diante da presença do adicto, pois tememos que sua vida seja uma denúncia da insuficiência de nossas próprias vidas. O adicto rejeitou a vida de contentamento respeitável e moderado, e exigiu, em vez disso, uma vida de propósito e êxtase completos. Reconhecemos que nossas próprias vidas não são interessantes e belas o suficiente para oferecer uma alternativa genuína ao adicto, e tememos que um evangelho poderoso o suficiente para redimir o adicto também ameaçaria nossas próprias vidas de mediocridade decente e decorosa. Não temos certeza se queremos que a igreja seja um lugar onde as pessoas com adicções sejam libertadas, pois isso significaria que a igreja não é mais compatível com nossas próprias vidas. Sendo assim, caracterizamos a adicção como determinismo físico ou fraqueza moral, o que nos permite ignorar as maneiras pelas quais ela coloca nossas próprias vidas em questão.

A questão que a adicção coloca para a igreja é se ela pode ou não oferecer uma alternativa convincente para a vida do adicto, e o desafio que a adicção apresenta para a igreja é se ela pode ou não incorporar o amor intencional, extasiante e consumidor de Deus em um caminho que é mais atraente do que a vida de adicção. A boa notícia do evangelho é que Jesus não veio para os saudáveis, mas para os enfermos. Ele veio trazer visão aos cegos, proclamar libertação aos cativos, pôr em liberdade os oprimidos... e dar nova vida aos adictos. A adicção, por ser tão ubíqua e, portanto, inevitável, deve-nos forçar a perguntar se estamos ou não dispostos e prontos para ser uma igreja que encarna a missão de Jesus.

Para a igreja que está aberta ao poder do Espírito Santo, a adicção não é uma ameaça a ser temida, mas uma oportunidade a ser recebida. Pois a boa nova é que o evangelho é poderoso para redimir e transformar, para quebrar as algemas de todo pecado e para nos libertar para uma vida de abundante alegria e paz. Por ser tão poderosamente destrutiva e mortal, a adicção oferece à igreja seu mais profundo convite para testemunhar o evangelho que proclama, para manifestar em sua própria vida a ressurreição, que é sua origem e fim. Portanto, não há idolatria tão potente, nenhum pecado tão arraigado, nenhum desespero tão profundo, nenhuma adicção tão forte que esteja além do alcance do Amor que de uma vez por todas e para sempre triunfou sobre o pecado e a morte: "Mas em todas essas coisas somos mais que vencedores, por meio daquele nos amou. Pois tenho certeza de que nem morte, nem vida, nem anjos, nem autoridades celestiais, nem coisas do presente nem do futuro, nem poderes, nem altura, nem profundidade, nem qualquer outra criatura poderá nos separar do amor de Deus, que está em Cristo Jesus, nosso Senhor" (Romanos 8.37-39).

ÍNDICE REMISSIVO

A

abstinência 21, 22, 23, 24, 27, 28, 61, 62, 106, 110, 120, 212, 221, 224, 231, 250

adicção
  definição de 20, 22, 32, 33, 89, 119, 169, 173, 203, 210, 224, 234
  estilo de vida 216
  genealogia da 131
  geneticamente 25
  hábito 10, 11, 14, 34, 39, 53, 56, 67, 68-119, 123, 130, 134, 135, 137-41, 155, 169, 173, 174, 175-79, 184, 190, 200, 202, 205, 210, 213, 218, 220, 222, 223, 224, 226, 234, 238, 246, 252
  modelo da adicção como doença 43, 44, 45, 46, 59, 233
  modelo da adicção como escolha 44, 54, 234
  movimento de recuperação da adicção 11, 179, 181, 183, 228, 229, 239, 240, 241, 243, 247, 248
  neurologicamente 21, 60, 220, 221
  paradoxo da 40
  pecado 15, 121, 167, 168-88, 190-91, 230, 237, 238, 244, 246, 247, 251, 257, 258, 261
  tipos de processo 21, 22, 43, 56, 58, 59, 62, 65, 72, 73, 76, 82, 91, 96, 101, 152, 195, 217, 233, 245, 246
  tipos de substâncias 26, 27, 30, 46, 131, 133, 162, 204, 207, 220, 225

Agostinho 172, 173, 174, 175, 176, 178, 179, 180, 214, 221, 238

Alcoólicos Anônimos (AA) 31, 40, 41, 51, 71, 90, 103, 106, 118, 122, 125, 153, 154, 159, 160, 161, 165, 168, 170, 171, 172, 200, 202, 205, 209, 212, 222, 223, 224, 231, 235, 236, 238, 239, 241, 244, 245, 248, 249, 251, 253, 256

ambivalência 123, 127, 204, 231
amizade 135, 161, 162, 165, 188, 194, 201, 206, 238, 247, 248, 249, 252, 253, 254, 255
anseio 59, 60, 61, 63, 64, 66, 67, 72, 73, 160, 196, 200, 209, 210, 211, 231
Aquino, Tomás de *ver* Tomás de Aquino
arbitrariedade 141, 149, 211, 219
Aristóteles 9, 13, 36, 39-73, 75, 76, 78, 84, 86, 92, 93, 94, 95, 97, 102, 108, 113, 115, 117, 118, 119, 120, 121, 129, 135-41, 142, 152, 153, 162, 163, 182, 191, 192, 197, 206, 208, 211, 252, 254, 255
autoengano 218, 231, 232, 233, 234, 235, 236, 239, 242

B

Barth, Karl 243
Beckett, Samuel 146
Bierut, Laura Jean 27
Brennan, Robert 83, 106
Bringle, Mary Louise 12
Brodsky, Archie 132, 205, 220
Burnyeat, M. F. 108
Burroughs, William 62, 155, 204

C

caritas (caridade) 189-226, 193, 208
Chaplin, Charlie 156
Cheever, Susan 160, 200
Colombo, Cristóvão 143
controle 70, 94, 95, 96, 97, 116, 117, 118, 132, 134, 176, 178, 201, 203, 204, 216, 222, 224, 225, 231, 236, 237, 241, 257
Cook, Christopher 19
Copérnico, Nicolau 143
culpa 54, 127, 128, 129
culpabilidade 52

D

Davies, Brian 84, 85, 86
Denizet-Lewis, Benoit 35
desapego 229, 230
Descartes, René 80, 143
desejo 37, 40, 48-49, 55, 56, 61-62, 63, 64- 66, 67, 70, 71, 72-73, 81, 94, 96 105, 109, 113, 117, 120, 121, 122, 123, 131, 150, 174, 187, 193, 196-97, 198, 203, 204, 208, 210, 211, 212, 214, 220, 225, 228-29, 250, 260
determinismo 30, 39, 43, 52, 84, 91, 92, 94, 97, 260
Dewey, John 93, 107
disposição 77, 84, 87, 88, 90, 91, 97, 106, 253

distinção voluntário/involuntário 25, 34, 84, 94, 95
doença mental 21, 50, 51, 52, 177, 182
Dostoiévski, Fiódor 148, 149
doze passos e doze tradições 40, 159, 216, 252
Dreyfus, Hubert 147
Duggan, Timothy 78

E

Elster, Jon 203
esperança 18, 30, 34, 62, 193, 195, 200, 225, 227, 234, 238, 239, 245, 246, 247, 260
estimação cogitativa (*sensus aestimativus*) 98, 99, 112
êxtase 209, 212, 213, 214, 215, 257, 260

F

Faulkner, Rozzanne 152
Ferentzy, Peter 161
Feuerbach, Ludwig 242, 243
Fingarette, Herbert 18, 232, 233
fragmentação 156, 158, 165, 211, 237
Frankfurt, Harry 49
Frey, James 215

G

Gladek, Eva 29
Goodwin, Donald 26, 28, 59

graça 167, 195, 196, 238
Grande Livro (Alcoólicos Anônimos) 40, 103, 159, 170, 253, 254
Gudorf, Christine 182

H

hábito 10-11, 14, 34, 37, 39, 53, 56, 67, 68-71, 72-73, 74, 75-110, 111-19, 123, 129-30, 134, 135-41, 143, 155, 169, 173-75, 176-77, 178, 179, 184, 190, 200, 201, 205, 210, 212-13, 218, 220, 221-22, 223, 224, 226
Hammill, Pete 202
Hauerwas, Stanley 15, 121, 237, 244
Healy, Sean Desmond 145, 146, 153, 154
Hegel, G. W. F. 150
Heidegger, Martin 151
Heyman, Gene 31, 32, 44

I

idolatria 190, 215, 257, 258, 261
igreja 11, 15, 151, 165, 173, 183, 227-61
impotência 40, 42
incontinência 39-74, 107, 108, 109, 182, 231
instinto 79, 84,-87, 88, 90, 91, 92, 97, 99, 100, 101, 110

intemperança 111-30, 134
Irvine, William 65, 116, 117

J
James, William 19, 41, 85, 93, 102, 106, 200, 209, 215
Jellinek, E. M. 17
Jesus 195, 242, 243, 253, 261
João, o Evangelista 175, 243, 253
Jung, Carl 200, 209

K
Kant, Immanuel 143, 150
Keller, Mark 17, 23
Kenny, Anthony 77
Kierkegaard, Søren 146, 147, 149, 151
Klein, Richard 225
Klubertanz, George 83, 100, 101, 115
Knapp, Caroline 124, 163, 207, 209, 211, 212, 217, 218, 219, 231
Kurtz, Ernest 170

L
Lear, Jonathan 140
Lenters, William 167, 230
Levine, Harry Gene 42, 131
Lewis, C. S. 36
livre-arbítrio 91, 92, 93
Lourenço, Irmão 191
Lutero, Martinho 143

M
MacIntyre, Alasdair 139, 142, 143, 185
maniqueísmo 179, 183
Marlowe, Ann 126, 143, 144, 164
Marx, Karl 158
May, Gerald 65, 66, 132, 167, 221
McCormick, Patrick 180
McFadyen, Alasdair 176, 186, 187
McLellan, A. Thomas 31
Mele, Alfred 232
Mercadante, Linda 19, 168, 172, 181, 184, 185, 242, 245
modernidade 131-65, 185
moralidade 45
moralismo 171, 178, 179
movimento de doze passos *ver* movimento de recuperação da adicção
movimento de temperança 131, 132
Moyers, William Cope 106, 128, 145, 164, 209, 235

N
Nagel, Thomas 192
negação *ver* autoengano
Nelson, James 19, 106, 209
Northrup, Christiane 94
Nurnberger, John I. Jr. 27

O
obsessão 202, 207, 208, 216, 219,

229, 231
Orígenes 151
Oxford Group 170, 172

P

paixão *ver* desejo
Paulo, o apóstolo 173, 175, 180,
    191, 207, 253, 254
pecado 11, 15, 121, 167-88, 190,
    191, 230, 237, 238, 244,
    246, 247, 251, 257, 258, 261
Peele, Santon 43, 132, 205, 220
Peirce, Charles Sanders 93
pelagianismo 172, 179, 183
Pelágio 172, 174
perda de controle 59, 60, 118,
    132, 203, 225, 231
Plantinga, Cornelius 182
Platão 70, 144
Playfair, William 43
Polanyi, Michael 102
prestação de contas 251
Pryor, William 129, 147, 208

R

racionalidade 12, 37, 57, 90,
    102, 142, 147, 216, 220, 226
Rawls, John 141
recaída 30, 31, 67, 73, 75, 105,
    106, 164, 224, 231, 250
recuperação 11, 12, 14, 20, 32,
    33, 34, 41, 42, 43, 44, 45,
    52, 67, 72, 73, 75, 105, 106,
    129, 147, 152, 157, 165,
    167, 168, 171, 176, 178,
    179, 181, 183, 200, 205,
    216, 220, 222, 223, 224,
    227-61
Riesman, David 158
religião 224, 229, 242, 243
Rubin, Jane 147
Rush, Benjamin 42, 132

S

Saarinen, Risto 69
Sadee, Wolfgang 28, 29
Schaef, Anne Wilson 132
Schaler, Jeffrey A. 43
Seeburger, Francis 18, 45, 88,
    89, 90, 200, 211, 214, 229
Shavelson, Lonnie 240
Sherwin, Michael S. 238
Sócrates 55, 56, 69, 70
solidão 127, 141, 158-65, 206,
    250, 259

T

Taylor, Charles 158, 159
tédio 141, 150-58, 165, 252, 259
theoria (contemplação) 136,
    192, 206, 208
Titus, Craig Steven 94
tolerância 21, 22, 23, 24, 27, 28,
    61, 220, 221, 224, 231
Tomás de Aquino 13, 36, 37,
    38, 39, 75-108, 113, 114,

115, 118, 121, 123, 127,
128, 130, 137, 150, 173,
174, 187, 192-93, 194-99,
200-01, 207, 208, 210, 211,
212, 213, 238, 239
Torrington, Matthew 35
transcendência 15, 188, 191,
193, 194
tratamento 12, 15, 17, 19, 20,
30, 31, 32, 33, 34, 41, 44,
53, 56, 67, 93, 133, 242

V

Vaillant, George 34
Valverde, Mariana 92
vergonha 127, 128, 129
vício 9, 73, 108, 119, 121, 129,
130, 133, 187, 201
virtude 9, 43, 76, 101, 108, 112,
119, 120, 121, 128, 129,
130, 135, 136, 139, 145,
162, 193, 194, 195, 198,
199, 201, 215, 238, 239,
243, 252, 253, 254, 255

voluntarismo 7, 39, 43, 44, 84,
91, 94, 97, 171, 176, 178,
179
vontade 35, 40, 41, 42, 43, 44,
45, 54, 64, 65, 66, 76, 78,
79, 80, 81, 82, 83, 86, 92,
95, 96, 98, 100, 103, 115,
116, 117, 118, 119, 123,
124, 126, 148, 149, 160,
171, 172, 173, 174, 175,
176, 178, 216, 223, 241,
244, 250

W

Wadell, Paul J. 81, 196, 197,
208, 231, 255
Wallace, R. Jay 64
Wilshire, Bruce 94
Wilson, Bill 160, 161, 170, 200,
209

Z

Zhang, Ying 26

Pilgrim

Use seu tempo de forma produtiva e edificante

No app da Pilgrim, você pode acessar muitos outros conteúdos cristãos de qualidade como este livro para ajudar na sua caminhada de fé. Você encontra audiolivros, ebooks, palestras, resumos e artigos para cada momento do seu dia e da sua vida, além de benefícios para assinantes Premium.

Catálogo completo
Sobre o que você quer ler hoje? Vida devocional? Família? Empreendedorismo? Ficção? Tem tudo aqui.

Frete grátis e descontos
Receba vantagens exclusivas ao se tornar um assinante Pilgrim Premium.

Conteúdo exclusivo
Tenha acesso a ebooks, audiobooks, artigos e outros conteúdos disponíveis apenas em nosso app.

Acesso offline no aplicativo
Faça download de capítulos para ler ou ouvir mesmo quando não estiver conectado à internet.

Comece agora!

Site: thepilgrim.app
Instagram: @pilgrim.app
Twitter: @appPilgrim
Tiktok: @pilgrimapp

Este livro foi impresso pela Cruzado, em 2022,
para a Thomas Nelson Brasil. O papel do miolo é
Pólen Natural 70 g/m², e o da capa é Cartão 70 g/m².]